默克尔传

“危机总理”的权力世界（第2版）

〔意〕罗伯特·布鲁内利◎著
杨　逸◎译

中国大百科全书出版社

图字：01-2014-7378

图书在版编目（CIP）数据

默克尔传 /（意）罗伯特 · 布鲁内利著；杨逸译.
—2版.—北京：中国大百科全书出版社，2022.4
ISBN 978-7-5202-1099-7

Ⅰ.①默… Ⅱ.①罗… ②杨… Ⅲ.①默克尔—传记
Ⅳ.①K835.167=6

中国版本图书馆CIP数据核字（2022）第047387号

出 版 人 刘国辉
策 划 人 曾 辉
责任编辑 王 廓
封面设计 天下书装
责任印制 魏 婷
出版发行 中国大百科全书出版社
地　　址 北京阜成门北大街17号　　**邮政编码** 100037
电　　话 010-88390636
网　　址 http://www.ecph.com.cn
印　　刷 北京美图印务有限公司
开　　本 710毫米×1000毫米　1/16
印　　张 15.25
字　　数 171千字
印　　次 2022年4月第2版　2022年4月第1次印刷
书　　号 ISBN 978-7-5202-1099-7
定　　价 68.00元

目录

译者序

安格拉·默克尔，这个名字也许对于广大的中国读者都是既熟悉又陌生的。大部分时候，这个名字的出现都与一种身份联系在一起，那就是德国总理。人们眼中的她，是一个在世界政坛叱咤风云的女强人，严谨、冷酷、一丝不苟，素有“铁娘子”之称。她是德国历史上的第一位女总理，也是为数不多的享有极高的民众支持率的总理之一。然而关于她的过去以及她的家庭生活，人们所知甚少。

传记作家格尔德·朗古特对她的评价是：“低调，总有自己的坚持，一般人很难读懂她，认为她是个谜。”柏林自由大学政党分析家卡斯滕·克什米德说：“她被称为黑寡妇，各党派都惧怕她。”德国当代历史学家沃尔夫鲁姆认为：“默克尔从不张扬，是一个优秀的中间派，这样就能拉拢住每一个人，这正是她成功的关键。”

本书从默克尔的童年开始记述，较为全面地展示了她的成长环境以及教育背景。作者罗伯特·布鲁内利回顾了“柏林墙的倒塌”这一伟大的历史时刻，并逐步叙述了默克尔放弃科研事业，投身于政治洪流并且逐步攀上权力顶峰的过程。与德国各党派政客较量，与法、意、美、俄等领导人过招，在欧洲以及国际事务中大权在握、坚持己见，默克尔可谓是世界上最强势的女人。而她的整个团队的构成，她的家庭生活的情状，本书中也都做了尽可能详细的介绍。

翻译这本书并不容易，需要参考和查阅很多资料，因为传记内容往往涉及历史、经济、军事等各方面，并且作者在书中常用意大利俚语方言，我不得不经常请教意大利的朋友们，或登录国外的网站查阅资料。再者，有些内容作者一笔带过，或者使用暗喻，对于不具备相应文化背景知识的中国读者来说，很难充分理解。我在忠于原文和使译文易于理解这两者之间艰难选择，常常慨叹中西文化差别之大，幸而时常得到师辈的良言点拨与朋友的鼓励支持。

意大利有句俗语：“翻译就是背叛（Il tradurre è il tradire）。”也许我并没有做到与原文逐字逐句对应，因此“背叛”了原文，但是，作为一名译者，内心总期望把作者的观点和意思尽可能本真地传达给广大读者。

在此感谢 Gioia Wei，Cesare Wang，Nikolas Wu，Alessio Petino，Tommaso Ferruccio Camponeschi，Maya Gao，Liz Liang，Luciano Hua，Jethro Abanto，以及其他没有提及姓名的师朋好友。

杨　逸

序

安格拉曾是一个小女孩，在那以后的很多年，别人都叫她“那个小女孩”。直到她通向至高权力的旅程已经开始，人们也还是这样称呼她。如今她无疑被认为是欧洲最强势的女人，世界上最有权力的女人之一。然而当她还是个小女孩时，对她来说世界上最难的事就是行走。她用了很长时间才学会了用双腿自主地行走。总算学会了走路之后，下行或者下楼梯于她而言却仍旧是件难事。用一种更直接的表述，正如德国人所说的，她曾是一个“行动白痴”。在往下走之前，她会想很多。她需要研究这个过程，需要把一个正常的运动性活动转变为一种概念性的结构完整的东西。事后看来，这种应对困难的模式有一个响亮的名字：战略。凭借本能去应对挑战或者令人生厌的意外情况是很困难的。然而，正是这种倾向于分析的新教徒式的模式，这种热情的路德教的变体推动着她转向一种规划，这种规划表面上连贯一致、井井有条，有战术性和纲领性。

默克尔本不是她的姓，她原姓卡斯纳，其实现在人们也不应该称呼她为默克尔，因为那是她第一任丈夫的姓氏，而他们早在1982 年就离婚了。如今，历经起落沉浮，安格拉·默克尔占据着政治世界的中心，甚至可以说是处于权力之巅：她多年来持续不断地领导着德国联邦政府，并且处理了新冠肺炎疫情引发的惊人危机，重新享有了任何一位德国总理都不曾有的拥戴率。

然而没有人真的知道她究竟是谁。她就像埃及的斯芬克斯狮身人面像那样神秘，不管是从她体现出来的价值还是从她个人的角度来看都是如此。不在绝对必要的时候，她是不会透露关于自己的任何事情的。在动荡的那几年里，她在幕后应对着古老的欧洲大陆的经济危机。由于一种极其糟糕、过于简单且充满误导性的偏见，她被描述成一个终结者或者女版希特勒，他们认为她将一种独裁者的权力凌驾于经济、生活和未来之上。诚然，那些讽刺漫画在某种程度上更多的是一种条件反射，如果不是一种劣势感那就是一种不适应感的症状，而绝不是对 21 世纪德国权力更新的“揭示”。但是有一个明显的问题：默克尔时代的德国霸权似乎不接受矛盾和对质，在面对几十年来的集体方式时显得无动于衷。二战之后，德国似乎已经在意识清醒的情况下，丢失了曾经千辛万苦才建立起来的那种云淡风轻。

人们将主要责任归咎于默克尔，这个最强权的女人。英国的权威周刊《经济学人》在 2013 年刊登的那幅插图尤其引人注目：一艘被称为“世界经济”的大船即将淹没在波涛之中，一个哀怨的声音传到德国总理处：“默克尔夫人，请问现在我们可以发动引擎了吗？”

美国金融巨鳄乔治·索罗斯告诫人们：“德国作为一种帝国势力，并不被欧洲的其他国家爱戴或钦佩。这个国家将会遭到厌恶和抵制，因为它被视为一种镇压的力量。”实际上，更为普遍的指

《经济学人》插图

责是德国总理颠倒了一个很重要的原则，就是把德国“越来越欧洲化”变成了让欧洲“越来越德国化”。然而在数以百万的公民看来，这让他们付出了很大的代价。

相比之下，在意大利人的意识里，总是不可避免地由默克尔联想到西尔维奥·贝卢斯科尼。这位意大利前总理的一通电话让人难忘（一些恶意的传言说，那个电话是打给他在性派对上认识的一个女孩的，但是据这个来自阿尔克勒的男人，也就是贝卢斯科尼自己说，他当时是在给土耳其总统雷杰普·塔伊普·埃尔多安打电话），因为他当时就站在那儿，像粘在手机上了一样打着电话，完全忽视了德国总理，丢下她一个人站在红地毯正中间，等着他一起去开北约首脑会议。这位德国总理，如此实效、理性和尽善尽美的一个人，如此简约严谨、沉着冷静的一个人，在那时显得越来越困惑不安，不知道是该微笑还是愤怒。在巨大的经济危机风暴的风口浪尖，在一次与萨科齐的联合新闻发布会上，当一名记者问到她关于意大利政府首脑的可靠性的问题时，默克尔只是微笑着看了看天空。当时力挺贝卢斯科尼的报刊纷纷表示愤怒，但事实是，六天之后，贝卢斯科尼就递交了辞呈。

然而，事实上不可能把安格拉·默克尔与一种现成的形象钉在一起。她的过去和现状似乎少有连贯性，在民主德国时她是一个默默无闻的科学家，后来逐步升迁，成为联邦共和国的首脑之一，直至最高席位。这个位置曾被很多重量级人物占据过，比如阿登纳、勃兰特、施密特和科尔。在近代政治史上很少有人可以和她相提并论，仅仅是远远地相比也不行，这不仅是鉴于她的个人经历，同时也因为她令人难以置信地攀上了权力的高位，参与决定几百万人的命运。有一句戏言是这样说的：如果说小时候下楼梯对默克尔来说很难，成人之后登上权力的阶梯却是一件相当容易的事。

甚至连德国的日报都称她为“铁心夫人”“戴面具的女人”“新撒切尔夫人”。世界各地的报纸称她为“神秘的默克尔”“欧洲的女领主”“权力女王”。时任加利福尼亚州州长的阿诺德·施瓦辛格也称她为“地球上最强权的女人”。芭比娃娃制造商，美国马特尔公司甚至按照她的面孔，针对那些野心勃勃的小女孩们设计制作了一款芭比娃娃。有趣的是，由于“特朗普、普京、博尔索纳罗和欧尔班联合公司”出品的全球不稳定性，导致地缘战略图发生了改变，于是默克尔后来又被称为“自由世界的最后一个领袖”，一开始是蒂莫西·嘉顿·阿什这么称呼她，然后许多人也采用了这样的说法。默克尔就像北极星一样，指引着先进、开放、理性的民主的原则和方向。

从这个角度来看，她最近几年的事业线再一次让人惊讶，并且改变了，或者说至少部分改变了世界对她的看法：首先是 2015

年那所谓的“开放国门政策”，当时有超过一百万的移民涌向默克尔夫人说着“我们能做到”的德国；然后是关于欧洲政策的转变，当时一种未知的病毒损毁人们的性命，使欧洲大陆的经济陷入停滞，在这病毒的逼迫下，德国总理推出了几千亿欧元的“恢复基金”计划，旨在拯救那些受疫情冲击最大的经济体，意大利也位列其中，以此强化欧洲的内聚力。罗马诺·普罗迪——对于默克尔领导下的德国，他的声音一直都不那么温柔——在2020年6月底描述这一转变时说：“在之前发生的危机中，德国的紧缩政策使整个欧洲的未来不堪重负。然而同之前发生的危机相比，这一次德国总理在她的国家实施了一个有根本性变化的政策。”

事实上有完全相反的两种形象，可以更多地告诉我们报纸上那些仓促完成的标题和文章所不能体现的默克尔的个性和人格。据一位在柏林墙倒塌前的时代就认识默克尔的知情人士说，在一次郊外远足中，当时只有30多岁的安格拉看着人们赤身裸体地跳入湖中游泳，忍不住说：“民主德国最让我烦闷的一件事就是我们连像样的酸奶都没有。”而当时正是民主德国政权在人民的抗议重压下风雨飘摇的时候，那时民主德国拥有的间谍数量按人头算是最多的。第二种形象是一个记者送给她的：一幅俄国女沙皇凯瑟琳的画像。凯瑟琳的原籍是德国，被视为改革派，而且也拥有绝对的权力。默克尔女士把这幅画像放在她总理办公室的写字台上。[1]

不仅如此，评论家们还认为她从“一头纯洁无辜的蓝眼睛羔

---

1. 在格尔德·朗古特所著的较为可信的默克尔传记《政客们所知的象征价值》中提到了这一细节。

羊”，变成了“权力的母狼”，她总是与忠诚的礼仪保持着一定的安全距离。在柏林墙倒塌之前，对她最贴切的描述是：一个政治事务的“梦游者”。莱纳尔·艾波曼是导致民主德国政权倒台的运动的主要代表人之一，据他讲述：“在 1989 年 11 月 9 日之前去广场游行示威的人群中，她不是最初的那五百人之一，不是最初的五千人之一，也不是最初的五万人之一，甚至都不在那两百万人里面。”但是在那之后不到三个月，她却成为“民主德国的新生”这一主要政治运动的发言人，之后不到六个月的时间，她成了由洛塔尔·德梅齐埃领导的第一任自由选举产生的德意志民主共和国政府的二级发言人。仅一年零一个月后，她又成为了两德统一之后第一届联邦政府的部长。

那么，安格拉·默克尔到底是谁？她数次高票当选为政党首脑，其政党基督教民主联盟（基民盟）现在仍在德国公民中享有很高的声望；她与所有其他在大危机和新冠肺炎疫情的漩涡中胡乱挣扎的欧洲领导者们不同；她凭借马基雅维利主义的冷静和不择手段“政治性地扼杀”了她的恩师赫尔穆特·科尔（两德统一时的总理），以及所有当时在她的政治生涯中助她平步青云的人；她是“赤色牧师”霍斯特·卡斯纳的女儿，1954 年当成百上千的人从民主德国逃离，卡斯纳却离开当时各国人集居的汉堡市，走了与众人相反的路，去了民主德国的一个小镇；她曾是默默无闻的单调乏味的科学家，突然有一天，在曾将柏林市分割了几乎三十年的那堵墙的仍然温热的废墟上，她决定放弃科研，转而投身于政治的洪流；她是基督教派保守的德国总理，但也很善于在进步主义的领域出人意料地猛冲在前，或者说她是一个后现代的领导者，她对各种机会的算计胜过令人厌烦的意识形态的污垢；

她是后现代的女沙皇，在第二次世界大战之后的德国政治历史中史无前例地穿上了发挥国际作用的人物的外衣；或者，就像很多人所认为的那样，欧洲被所谓的严格管制的紧缩政策掐住了咽喉，而她就是那个将欧洲拽向无法阻挡的衰落的女人；又或者她的命运就是改变，不仅是改变德国，还改变欧洲的历史，或许还拯救了欧洲。以上种种，她到底是谁呢？

这本书尝试着回答这些问题。

第一章

CHAPTER 01

以父之名

他们和小安格拉开了一个美丽的小玩笑。

他们和小安格拉开了一个美丽的小玩笑。当时她刚出生才几个星期，而她的父母有了一个天才的想法，就是举家迁往德意志民主共和国，也就是当时德国真正的社会主义之乡。离开美丽的汉堡市，到勃兰登堡一个连名字都很难发音的偏僻小镇——奎州。而此时成百上千的人都走了一条与他相反的路，因为人们更偏向于选择所谓的西方的舒适和安逸，而不是民主德国无产阶级的简朴和可靠。可以说，这是一个勇敢的选择。

安格拉的父亲，霍斯特·卡斯纳，是教会的一名神职人员，他的想法是：在“另一个德国”更加需要灵魂的牧师，而“另一个德国”，不太客气地说就是二战后划分全球时交给苏维埃世界的部分。1954 年，当小安格拉·多罗特娅降临人世的时候，以及在那之后的很多年，世界都被分裂成两部分。历史学家们说那时民主德国处在斯大林化的顶端，尽管斯大林已经逝世一年了。从 1949 年到 1961 年（在这一年柏林墙突然出现），大约 270 万德国人决定离开那个“工人和农民”的国家，转而选择联邦德国。然而，修道院的院长们让这个年轻的神甫相信，“在另一边”，那里需要他。另一方面，他，霍斯特·卡斯纳，原本就是来自那边的。

他是潘科的一个普鲁士人，似乎是这样。他的妻子荷玲，时年 26 岁，是一名老师，但是后来再也不做老师了。她曾教过英语和拉丁语，然而，作为一个新教牧师的妻子，在民主德国继续自己的职业是不可能的。

在奎州，也就是卡斯纳一家在 1954 年所生活的小乡村，大约有 400 人。那里有一座漂亮的乡村教堂，一片农村的土地。1954 年时，那儿离两德边界只有不到 30 公里。这个区域住户很少，连一个学校都没有，因此孩子们必须到另一个村子上学。这里的一切都小小的，包括这个新教牧师的家。他肩负着一个极其困难的任务，即维系这个被历史的命运完全打乱的集体。那时第二次世界大战刚过去不到十年，德国被一分为二，而这个被上帝遗忘的角落里的生活条件，如果不说是贫困不幸，那至少也是不稳定的。这里跟纳粹德国雕塑的宏伟壮丽没有一点关系，也完全看不到一点当时德国乡村的浪漫自然主义色彩。为了避免过分依赖于国家的供给，这里大部分的人都依靠菜园里产出的食物生活，甚至教会堂区也有自己的羊群、母鸡，或者一只乳牛。当卡斯纳决定到民主德国定居时，就清楚地知道教会在社会主义国家的日子一点都不好过——在那最初的几年里，他常常要去挤山羊奶。无辜但有斗争精神的荷玲则要准备大量水煮荨麻。她不敢向丈夫坦言她怀念并且惋惜过去给孩子们上课的日子，那时她的角色可不仅仅只是家庭主妇，而现在，她唯一的前景就是侍候一个上帝的仆人，以及在艰苦的条件下抚养他的孩子们。

对于仍然公开声称自己是基督徒的人，压迫是肯定的，因为这是资本主义和资产阶级分子的东西，宗教就是人民大众的精神鸦片，等等。如今我们所说的基督教团体的基本活动在当时常常被严令禁止，有时甚至以一些人的坐牢而告终。但是卡斯纳这个硬汉，他并不是唯一一个在联邦德国完成了神学学业然后决定跳到民主德国的神职人员。这些神职人员中的一部分人不仅坚信基督教和社会主义有共存的可能性，他们甚至还认为基督教和社会主义，就像两个彼此归属的事物一样，应该“共同成长”。而另一些人，他们更倾向于批判瓦尔特·乌布利希政权，也许他们是把自己视为这片充满敌意的土地上的传教士。

很难说在那些年里卡斯纳属于哪一种人。可以确定的是，这个牧师更倾向于支持当时的政权，而不是反对。瞻前顾后，保持平衡，这是一种妥协，是为了幸存还是信念？

实际上，卡斯纳一家没有待在原地不动。1954 年秋后不到三年时间，这位牧师迁居到了乌克马克的滕普林，还是在勃兰登堡，但距离波兰只有几步之遥。这里的居民有一万四千人，这对牧师来说是一次晋升。他被认为是一个“优秀的教员”，向当局充分展示、证明了自己的能力。在滕普林，并不涉及“放牧灵魂”。卡斯纳的主要任务是培养基督教会人员。在民主德国，这显然是一个更加棘手的工作，事关创办一个为教会服务的神学院，一个真正的牧师协会。在滕普林（默克尔说，现在她仍然将这个小城视为“我的家”）城墙外一公里处，就是“瓦尔德霍夫”，它处在田野、草原、树林和不同的湖泊之间。安格拉·默克尔将会在这里度过童年和青年时期的大部分时光。

自 1852 年建立以来，瓦尔德霍夫就作为“遗弃儿童教育联合协会”，就像工业革命之后很多类似的事实一样。瓦尔德霍夫同时也变成了今天我们所说的心理残障者的学校（在东柏林他们没有得到人们的关注，因此他们转向于教会的人），在瓦尔德霍夫的那些年里，有几百名年轻的神甫和神学院的学生在这里，受到卡斯纳显著人格的启发和开导。

毫无疑问，他是一个复杂的人物，通常被描述为一个超人而不是教条主义者，他对任何向他寻求建议的人都非常善解人意，但是对自己的孩子则非常严格。卡斯纳与长女虽然从来没有发生公开冲突，但关系并不是很融洽。

2000 年，在滕普林全新的自然温泉浴所落成典礼上，最有权威的发言者正是安格拉・默克尔，当时她是德国基督教民主联盟的总书记，而基民盟曾经是科尔所在的政党。当这个滕普林最有名望的女儿讲话的时候，人群中活跃着一位年纪大约六十岁、举止十分绅士的先生。他转向听众中各种不同的人，评论着这位未来的总理所说的一切内容，而所有人都带着崇敬表示赞同。可知那位先生在当地被视为权威，享有声望。他说："好吧，安格拉肯定不是随意地胡说八道，她不会说那些第一时间出现在她脑子里的事情，她是一个严肃说理的人，不是么？"但是之后，当这个德国最大政党的领袖抛出一些令人疑惑不解的比喻时，他在那儿明显地摇头，有些生气的样子。那位先生就是霍斯特・卡斯纳。

同样的情况还发生在 1992 年，当时默克尔已经成为政府的一员。在一次为柏林和勃兰登堡的福音派新教会的发言中，卡斯纳从政治角度用远离基民盟基本思想的话语表达了自己的观点："现在我们观摩着这些政党如何把国家变成它们的战利品，以及国家如何变成了政客们的自助服务。"他还不满意，于是补充说："多个政党的国家，也就是联邦德国，它最大的两个全民党只从它们各自的内容就能互相区别开来。联邦德国与民主德国的不同，只在于前者是多党制度，而后者是一党专政。在这种便利的成比例的民主中，派系集团就变成了体制，而利益就在其间传递。”他的女儿如果读到这几行一定不会高兴的。

但这就是霍斯特·卡斯纳，人们也称他为“赤色卡斯纳”。一个在那些年里有一些特权的男人，而那些特权在民主德国绝不是普普通通的。他有两辆车（一辆用作“公务”，一辆家用），在一些情况下有去民主德国境外旅行的机会：他曾多次去联邦德国（另外还在汉堡和巴伐利亚）度假，在1974年和1975年到过意大利，并且在那次意大利之旅结束的时候声明说：“只有意大利共产党和其他进步力量一起，才可能将这个国家从不幸中解救出来。”而他的妻子荷玲（柏林墙倒塌后她成为德国社会民主党的市政顾问），甚至也被允许去了一趟美国。

霍斯特·卡斯纳出生于1926年，是柏林潘科行政区一个警察的儿子，二战之后，他在海德堡和汉堡学习神学。他在战争期间做了什么不得而知，他本人从来不愿意就此事透露任何信息。但最近浮现出来的是（这也给默尔克投去了一道不同的光），有揭露说卡斯纳出生时可能是波兰人。根据传记作家史蒂芬·科内柳斯的调查，默克尔的父亲出生时名叫霍斯特·卡兹米尔科扎克。她的爷爷是路德维希·卡兹米尔科扎克，他在1930年将自己的姓改成了卡斯纳，那一年他带着全家人从波兹南迁到了德国。路德维希是安娜·卡兹米尔科扎克和路德维希·沃捷乔沃斯基的私生子，于是他就取了母亲的姓，并且据信他用了继父的名。他的继父是另一个叫路德维希的人，但继父的姓是利赫里奇（默尔克已经证实了这个消息。还要提到的一点是，根据2012年的一次民意测验，默克尔当时在波兰是最受称赞的外国政界人物）。

在家里，卡斯纳常常会在晚餐的时候谈论政治。很多时候，在德国总理默克尔不同的传记中，瓦尔德霍夫的生活都被描述成田园诗一般，就像是“一国境内的外国领土”，在这里能够屏蔽掉民主德国的政权入侵和逻辑渗透。每个月在瓦尔德霍夫都有“家人圈”，在这个“圈子”里朋友和熟人互相对比观点，广泛讨论时事问题。据当年认识卡斯纳的人说，这个牧师的外表及其他表达自我的方式，都是“普鲁士官员”的风格。他熟知纪律并且知道怎样将其传给他人。卡斯纳身上散发着一种极大的影响力和威信，并且他对于宗教的体验和处理方式是非常理性的。

默尔克经常说她在滕普林度过了一个幸福的童年：“民主德国的生活不仅仅只有政治。”请想象一下那个乡村。那是一片广袤的绿地，位于浸泡在灰暗里的民主德国的尽头。几乎整年，夜晚来得很早，然后就是黑暗。这里简朴而肃静。很明显，民主德国不是一个能公开表达所思所想的地方。或者，至少人们会学着选择性地说话，并在应该沉默的事情上保持沉默。在民主德国出现变化了的新教徒，卡斯纳很快就“找到了他清闲舒适的工作，他知道如果不想和政府冲突，有些界限就是不能逾越的”，一个曾经常去牧师协会的人说。

安格拉很早就学会了说话（三岁那年，她去汉堡探望姥姥，回到家时已经学会了一些简单粗糙的汉萨方言），但她不擅长行走。传记作家格尔德·朗古特说，她用了几年时间才终于能够比较顺利地向楼下走。由于独自行走对她来说不是一件简单的事儿，所以她经常让弟弟（马库斯，1957 年出生，安格拉的妹妹艾琳则

小时候的默克尔

出生于 1964 年）帮她拿一些玩具或别的东西，如果拿这些东西意味着要上楼或者下楼的话。小时候，小安格拉并没有上幼儿园或者托儿所，她害怕马，并且在那看起来离柏林如此遥远的滕普林（现在开车最多只需要一个半小时），在湖泊、河流、广阔的天空下和当地的传统氛围中，她似乎并没有在很大的压力下生活。但是，在滕普林附近，驻扎着福格尔桑[1]的红军守卫部队，那绝对是苏联之外最大的苏维埃基地。

如今这个欧洲最强权的女人对于家庭生活的种种回忆，还令人想起那个被一种极端的两难处境所迫的小女孩。当她的父亲外

1. 福格尔桑（Vogelsang）是勃兰登堡的一个小镇。—— 译者注

出时（这是经常发生的事，可能是为了宗教事务），她想去迎接他，但每次都在刚离开瓦尔德霍夫入口的几米处就停下脚步：她害怕那片始于家门前小树林的土地，对她来说那完全是一无所知的。不管怎样，父亲一直都是一个遥远的形象，没有覆盖一层薄薄的慈爱的温热。安格拉对传记作者说：

> 这对我们来说并不容易。一切都必须是井井有条的，完美的。他对其他任何人都能做到通情达理善解人意，但是如果我们自己犯了什么错，他的反应则完全不同。

然而，默克尔小时候的记忆主要还是关于乡村的田园生活。“瓦尔德霍夫这个名字”，科内柳斯还写道，不知道是否是带着讽刺，“已经像是一个童话了，让人想到很多古老的美好时光”。

默克尔尤其回忆了一位在瓦尔德霍夫工作的神秘园丁，但是并不知道他的名字。对她来说，在与时间、他人、义务和规矩的关系方面，他就是一个榜样。默克尔在多年后说：

> 他是一位身体硬朗强壮的老人，逐渐给我灌输了信任和沉着的观念意识。他总是有时间，而这是我最喜欢的一点，因为我母亲并不总是有时间，而我父亲的时间更少，甚至从来没有时间。其实这位园丁也有很多工作要做，但他无论如何也会为我腾出一些时间来。就这样，我在他那儿学到了很多实际生活中的东西。我学会了怎样同残障孩子说话交流。那种气氛充满热情和信任，我可以吃脏的胡萝卜，有时候甚至可以喝到一点红茶。

默克尔的另一个传记作者福尔克尔·蕾邢认为这位没有名字的园丁形象是安格拉父亲的镜像对立。如果说她的父亲是一个“神学家和教会政客，严厉的新教徒和有纪律性的普鲁士人”，那么这位园丁则代表了一种“逃离父亲世界的可能性”。“你们应该比其他所有人都更优秀”，父亲卡斯纳对他的三个孩子说，“否则他们就永远不会让你们学习了”。成为世界著名女政治家之后，默克尔几乎从来不谈自己的父亲。朗古特明确地说，这是因为“把卡斯纳曾在民主德国发挥过的有效作用明朗化，她对此毫无兴趣”。

教会与德国统一社会党（民主德国的唯一政党）的政权之间的关系，一直以来都是非常复杂的。那些明显表现出反对当时体制的神职人员都遭到了残酷镇压。然而，在这种情况下，努力尝试与东柏林保持一致的牧师人数增加了。尽管当时有一系列极其明确的限制，并且民主德国国家安全部也一如既往地注意和留心，但教会代表们仍然有各种特权，至少他们准备好跟政府机构合作。当时这种体制存在的意义就在于使“教士们”远离普通群众。

关于“社会主义中的教会”我们之前已经提到了。在之后的几年，卡斯纳意志坚定地选择站在支持民主德国教会中与西方等级森严的教会集团“分裂”的一方，并且直接参与了强烈反对德国福音主教派会议的论战。卡斯纳曾多次表明自己的观点，反对某些教会人士声明的针对社会主义国家的反对立场。他赞成支持基层教会，在基层教会里神职人员得到他们各自集体的支持，并且他认为西方的教会当局无法深入理解东方教会的处境和情况。另外要说明的一点是，卡斯纳当时无疑还有另一个完全不同的次要工作。因为有相当多的神学家在他们作为副职神甫的培训期间都去过瓦尔德霍夫，他们向卡斯纳学习复杂的布道艺术，其中就有莱纳尔·艾波曼，多年以后他在柏林墙倒塌前的运动中发挥了非常重要的作用。

显然，这个牧师学校并不是一家四星级宾馆，而是一家图书馆（它似乎也很好地代表了西方神学），所有人都睡在同一个大房间里。教学科目包括默祷、《圣经》分析、关于灵魂修养的讨论以及组织弥撒。那些年轻的神甫和学生们也会来这儿度过一段较长的时间。艾波曼关于霍斯特·卡斯纳的回忆并没有勾勒出一个政权的强烈反对者的原形。他跟朗古特说：

> 有一天晚上，我们在卡斯纳家里喝酒。他给我们讲述了他是怎样从联邦德国来到民主德国的，并且说他的神学工作非常艰难。他从民主德国境内的福音派教会迟早会缩小这一假设出发，一直推测到大部分团体都不会允许一个本堂神甫存在。只有从神学角度来看准备得非常充分的人，才可能有一个安稳的立足之地。他就想成为这些人中的一员，而很多人都想另寻一份工作，只在空闲时间去做神甫的工作。幸运的是，卡斯纳的直觉并没有成为现实。

在民主德国境内，一个神职人员会遇到很多困难，这可以解释卡斯纳的很多选择。卡斯纳常常面临非常大的压力，而他可能也认为应该保护妻子和孩子，让他们免受政权的侵袭和可能发生的报复。经证实，当局曾因“赤色牧师”对国家的忠诚问题，详细检查过他的账户。同样可以确定，卡斯纳曾经相当活跃地参加了民主德国的社会生活，他也让他的家人参加了。比如，很多神职人员在正常情况下都会拒绝参与选举，而卡斯纳至少在 1963 年和 1967 年都参加了投票。

再说说少年成人礼。安格拉只参与了青年祭（这是一种坚信礼的代替，即由当时的政权支持的坚信礼非宗教形式）仪式的组织，而她的弟弟马库斯、妹妹艾琳则分别在 1972 年和 1979 年进行了完全的“祝圣”，导致了其他新教神职人员群起反对卡斯纳，他们说这种接受妥协的行为是“兄弟情谊的缺失”。还有关于卡斯纳的孩子们在少年先锋队与后来在自由德国青年团的活跃度。比如，安格拉不只是一名普通的自由德国青年团成员，她曾经担任不同的组织性职务，尤其是在大学期间（这是一个微妙的话题，在后面我们还会讲到）。有关神父卡斯纳在面对民主德国的“社会义务”时的态度，传记作家朗古特所采用的措辞很典型：“用非常谨慎的话来说，面对国家的要求，卡斯纳更多的是坦率开放地妥协。”直到现在，滕普林的邻居们回忆起卡斯纳一家时，还说：“是的，他们比较倾向于忠于政治路线。”

根据默克尔自己的讲述，家里的孩子们每天都会用至少一两个小时来讨论学校里发生的事情。默克尔用了一个很奇怪的词来描述这种活动：“约定”。这很奇怪，因为这个词有“官僚的”意味，而这肯定不是在家说话时通常会用的方式。这意味着那更多的是一种趋向一致的对照，一种双方的协作[1]，而不是家庭的亲密

1. 默克尔小时候每天和家人讨论学校里发生的事情，这本应该是一种观念的碰撞和对照比较，并且通常对照比较会显出不同的地方，但是他们的对比是趋向一致的，也就是说他们的讨论其实是一种“约定”，因为没有意见不同，全是 致意见，就像是一种协作。——译者注

活动，不是亲人之间的共享。也就是说，从学校回来以后，要另外花一个小时“汇报”这一天发生的事情。正因为是新教牧师的孩子，自然而然地，他们在班里不得不竭尽全力做到最好，否则就会有中断学习的风险。卡斯纳经常向孩子们解释，关于国家、社会和政府机构，什么事情能说什么事情不能说，而如果面对民主德国国家安全部的官员，更须注意。

总的来说，卡斯纳一家有能力在艰难之上滑翔，能够在面对民主德国政府当局时保持良好的平衡，并且就像为数不多的一些人一样，成功地“脚跨”两德生活着。

在柏林墙修建之后仍然如此。1961 年 8 月 13 日，当那个水泥和石块筑成的“伤口”突然出现时，它不仅分割了柏林，而且将整个世界都分成了充满激烈矛盾的两部分。在默克尔的回忆中，那就像是从一个并不独特的科幻片场景中出来的一样，至少在史蒂芬·科内柳斯的版本中是这样说的。在那之前的几天，他们一大家子正坐在他们引以为豪的甲壳虫小车里，从巴伐利亚度假回来，当时车里还有家住汉堡的姥姥。在路上，卡斯纳注意到数量不同寻常的士兵，以及大量带刺的铁丝网。那个星期日，也就是 8 月 13 日，边境就被封锁了，那堵墙也耸立起来。安格拉的母亲哭了一整天，还在教堂祈祷。而当时只有 6 岁的小安格拉则像是被一种无力感击昏了，“她想帮忙做些什么，但不知道该怎样做”。

即使在柏林墙建立之后，相对于很多同城的居民，卡斯纳一家仍能继续从汉堡的亲戚那里收到包裹：西方文学作品、肥皂、牛仔裤、食品。正是这些从联邦德国来的包裹，才让青年时期的默克尔能够穿上蓝色的牛仔服，并且尽量避免穿那种在民主德国她的同龄人所穿的典型服饰。冬天，她经常戴一顶有帽檐的帽子，看起来就像一个“小太阳”。另外，她曾经还是披头士的头号粉丝。比起约翰·列侬，她似乎更喜欢保罗·麦卡特尼的歌曲。人们说，经常听到从卡斯纳家里传出《黄色潜水艇》（*Yellow Submarine*）这首歌，那是在莫斯科买的碟。黄色潜水艇令人好奇，它成为 20 世纪 60 年代最流行的幻象之一，因为它靠近安格拉·默克尔这样的人物。也因为黄色潜水艇是“另一个”现实的象征，它表面是披着童谣的外衣的彩色乌托邦，但其实是倾向于革命的：当然这不是指民主德国的现实社会主义的革命性，更不是指默克尔主义在欧洲占主导地位时权力的基本运营的革命性。

在她房间里的墙上挂着一幅塞尚的画的复制品，那也是从汉堡来的。她的同龄朋友们常常来她房间听音乐聊天，就像每一个跨越了 60 年代和 70 年代的青少年一样。另外还有一个小细节值得注意：所有这些都发生在埃里希·昂纳克领导下的民主德国，发生在由埃里希·梅尔克主导的国家安全部监控下的民主德国，这个国家有按人头算数量最多的“国家的耳目”（人们常说那是一种“怪兽”般的关系，每六个人中就有一个人是“耳目”）。在某种意义上，或者说也许正因为此，默克尔的青少年时期的生活是可以成为榜样的。她在学校的成绩总是非常优秀（老师和同学们都把她定义为“理想的女学生”），从没有任何关于男朋友或者类似的传言。再比如，年轻的默克尔对于戏剧的热爱从无止境。她常常去柏林看一些优秀戏剧的首场演出，参观博物馆并且充满热情地收集艺术作品的明信片。她还常去民主德国的首都看望奶奶，在那里她可以看电视一直看到晚上 12 点，这好像就已经是她最大的叛逆了。她希望一切都无可指责，无可挑剔。默克尔后来回忆，她年轻时就对联邦德国的政治相当感兴趣。她说，对于一个 15 岁的小姑娘来说，记住波恩政府的所有成员的名字并且偷偷地从广播里听西方的关于联邦总统古斯塔夫·海涅曼竞选的新闻报道，这就像一件很正常的事情。然而，她最欣赏的西方政客，根本不是基民盟的成员，而是社会民主党的赫尔穆特·施密特，他无疑是权威，受到尊敬和爱戴。

对安格拉来说，奢侈的标志就是苹果汁：不，应该说是可以放开了喝苹果汁。当然，她没有要到她非常想要的那辆摩托车。说民主德国的学校氛围一点不自由也无济于事。在滕普林的歌德学院（当然这个学校很难进，但默克尔进去了），她的一个高中同学就被明确告知，如果他继续进行出售歌星和演员画像这一不道德的买卖，就会被开除学籍。那些画像是他按照当年刊登在青年周刊《布拉渥》（*Bravo*）上面的照片重新描画的。这本周刊在资本主义德国非常畅销。

他们的父母总是对他们说，你们可以自由决定是否报名加入少年先锋队或自由德国青年团，这是与德国统一社会党（唯一的社会主义党派）相联系的两大青年团体组织。安格拉作了肯定的回答，因为她非常善于社交，她不喜欢靠边站。但是安格拉并没有止步于此。她的很多同伴都回忆到，在自由德国青年团里，她显示出“领袖”的才能，这已经超出了参加一个所有人都要参加的组织的需求，而这种需求在某种政权下可能是无法避免的。总之，安格拉非常能干。她不仅俄语学习出众（默克尔至今也很热爱俄语，“充满了情感，如此有音乐感，还有一点点忧郁的感觉……”），而且擅长英语，当然还有自然科学。对她来说唯一有困难的是实际应用型的学科，比如绘画和体操。在那些课上，可怜的她必须加倍努力以避免不及格。

突然，民主德国也爆发了“六八学生运动”[1]。显然这场运动的旗帜与西方的完全相反，在这里，它就是镇压的同义词，是对“布拉格之春”的镇压，当然，动用了红军的装甲车。这儿也不缺“卡斯纳版本”，牧师一家当时在捷克斯洛伐克度假，爸爸和妈妈离开了孩子们几天，到了布拉格，想感受一下改变带来的快乐氛围，亲眼看看如果学着打开希望之门，社会主义的未来可能是什么样的。8 月，当红军侵入这个城市时，对卡斯纳一家来说，后果是相当严峻的。在学校，不允许任何人谈论此事。安格拉也顺从地沉默不语。

当时，默克尔是青年数学俱乐部的一员。她郑重地向爸爸妈妈作了保证，那就是成为最优秀的学员，这是能够在国家的镇压下有尊严地幸存下来的唯一选择：她参加了奥林匹克数学竞赛，然后还参加了俄语奥林匹克竞赛。就在列宁诞辰 100 周年纪念日那天，她参加了全国竞赛。默克尔证实说，她对俄语的偏爱可能与那些在滕普林地区的红军士兵有关，她从不讨厌与士兵们聊几句。她说，令人难以置信的是，这些可爱的苏联士兵中的某一位对她说过，德国的分裂应该被看作是“不自然的”，重新统一只是时间问题。这是默克尔传记中一个无懈可击的完美场景。艾莉卡 · 本是默克尔的一位俄语老师，两德统一之后活跃在左翼党。仍然是在神秘的传记作家朗古特的采访中，艾莉卡 · 本对这个关于红军士兵的小故事表现出些许不满：“她这样说，我一点都不

1. 以学生为主的青年抗议国内相对保守和专制的政治氛围的政治运动，由于运动高潮发生在 1968 年，故称“六八学生运动”。——译者注

觉得讨人喜欢。她肯定不是跟他们学到俄语的。”但本也承认默克尔曾经是“我教过的学生中最有天资的一个”。本教授也讲述了几年之后卡斯纳神父曾给她寄来一张照片，照片里她以前的这个学生，德国总理默克尔被普京接见，而普京完全被其出色的俄语震撼了。

总之，15 岁的安格拉非常优秀，她在各种俄语竞赛中胜出，甚至在莫斯科举行的国际俄语奥林匹克竞赛中也获得了名次。那是一次让她毕生难忘的旅行。因为在距离克里姆林宫只有几步之遥的地方，竟然也有人告诉她德国的重新统一是必然发生的事情，那一次她又完全震惊了。在莫斯科，她给自己买了第一张披头士的专辑和其他一些东西，这些都是永远不会忘记的。有一些（应该说鲜有）她那个年代的照片：70 年代“正常”青少年的典范，询问的目光，有些紊乱的金色头发，穿着短裤和白色短袖，喜欢去乡下远足，还喜欢在户外生火烤土豆和香肠。

成年之后不久，在安格拉·默克尔的校园历史中突然出现了一个插曲，而这个插曲现在被默克尔派的诗人当作她反感当时政权的有力证据。事实上，那更像是一部荒诞的戏剧，一个可以与《再见，列宁》这样的电影相称的片段。那是在 1973 年。安格拉所在的班级，12B 班，接到了一个组织“文化时刻”活动的任务，这个活动是献给与西方帝国主义英勇抗争的越南人民的。当时，这在美国被视为一种抗议行为，而在民主德国却变成了政权的示威。她们班对此全无兴趣。因此，12B 班的学生们决定不参加这个将会与学校各个班级在比赛中竞争的“文化时刻”。在一次公开的斥责之后（以及在异常焦虑的神父卡斯纳的干涉后，另外，他也没忘警告他的女儿这样决定可能会带来的风险），12B 班决定做些什么。这个选择落在了克里斯蒂安·莫根施特恩（1871 ~ 1914）所写的诗《乏味生活》（*Mopsenleben*）上，她是当时德国（尤其在年轻人中）非常受欢迎的明显倾向于荒谬派的著名诗人。她在诗中这样写道：

> 哦，人啊，你要把自己埋伏起来，否则你也只是墙上的一只哈巴狗。[1]

这很显然立刻触动了学校当局的敏感神经。诗中提及的“墙”，恰恰就被认为是一种煽动挑唆。这迅速引起了极大的轰动。再加上那些学生们决定唱《国际歌》。是，这是可以的，但是，天哪，是用英语唱！那是帝国主义统治者们的可怕语言，是令人作呕的资本主义者的语言。最后，收集上来的经费也没有用于越南，而是用于支持莫桑比克解放阵线[2]了，那是莫桑比克的一个马克思组织。

不仅仅学校老师、校长来干预这件事，还有该地的教育部门，甚至民主德国国家安全部也被震惊而参与了干涉，因为学生们在一位“小资”诗人的帮助下（以一种非常令人怀疑的方式）提到了墙。安全部的官员们决定审问该校的许多学生，但很奇怪他们并没有审问那些直接与此“事件”相关的学生。很容易设想默克尔——因为她是潜在的反革命的——可能被认为是这次突发的抗议活动的领导者。至少沃尔夫冈·斯托克在他绝对支持默克尔的

---

1. 原文是：O Mensch, lieg vor dir selber auf der Lauer/ sonst bist du auch ein Mops nur auf der Mauer.
2. 莫桑比克解放阵线，葡萄牙语为 Frente de LibertaçãO de Moçambique，常缩写成 Frelimo。——译者注

书中是那样认为的。在那本书中，默克尔的丰功伟绩被描述得像史诗一般，如果这些功绩不是源于极大的责任意识，那就是对于她未来职务的预见。斯托克写到，是默克尔和一小组（大约五六个人）学生一起，创建了“颠覆性的”反社会主义的方案。然而，这一说法，或者说默克尔在该事件中的主导作用完全没有得到朗古特的证实。就掌握的史料而言，朗古特远远超过了所有的默克尔的传记作家。

该班保持团结，所有的学生，包括那些活跃在德国统一社会党中的政客们的孩子，都说要对该错误共同负责，没有一个人告发他们所推测的此次略欠谨慎的小型学生反抗活动的煽动者和领导者。不过关于此事，社会主义还有个好名声。真的有很多老师对学生家长很生气，指责他们过于纵容孩子，因为太多的学生习惯穿着“西式”衣服来班里上课。家长们都愤怒了，叫嚷道：“我们也应该让孩子们穿得体面一点吧，不是吗？”所有人都起身离开了学校。多年之后，卡斯纳关于此事的评论引人注目而含有深意：“直到 1989 年的秋天，之前从来没有见过公民们有如此大的勇气。”

这位“赤色牧师”补充说：“一个告密者跟我说我应该向上级求助。”就这样，由于预见到他们可能会禁止默克尔继续学习而感到恐慌，他决定与主教阿尔布雷希特·舍恩赫尔谈一谈，而后这位主教就教会和宗教的问题请教了德国统一社会党中央委员会的负责人。另外，卡斯纳牧师还向东柏林方面写了一封请求书，默克尔把这封信送到斯托尔佩那儿。曼弗雷德·斯托尔佩是民主德国基督教的最高法学家，两德统一后他成为勃兰登堡州长，后来做了德国联邦政府交通部部长。

这位焦虑的神父的活动发挥了多少作用人们不得而知。但可以肯定的是，这件事以学校领导机构的一次官方的严厉批评而告终，评语中表示该班级的行为“损害了学生集体”，这显然是一次“政治性的煽动”，并且引领他们直到成熟的社会“信誉”也遭到了背叛。这是一场灾难么？不是的，因为这严厉的谴责评语奇迹般地没有出现在高考的成绩单里。所有涉事学生继续学习的权利得到了维护。唯一为此事付出代价的是一个老师，他被惩罚，调往异地，当地部门认为他有错，因为他没有对该班进行充分的控制。不管怎样，在学校里，安格拉和班里的同学们要遭受好几次社会谴责。比如，当集体呼喊“友谊！”时，他们被禁止参加。每天上午所有人都会一起重复呼喊“友谊”，以此作为学生之间团结的象征。那之后，高考正常进行（有的人分数很高），而且每个人都能安心从容地选择自己的大学学业。

安格拉是一个什么都不缺的年轻人，至少在真正的德国社会主义的标准中是如此。从十年级开始，也就是差不多十六七岁的时候，她开始旅行：布拉格，索菲亚，齐奥塞斯库政府统治下的

左为默克尔的父亲

年轻时的默克尔

非常活跃的布加勒斯特；双肩背包，帐篷，火车。在那段英雄岁月里，她的绰号是卡西。她的格言是：

永远不要表现出无能。

这也是70年代初期的青少年自我表达的一种非典型方式，其他方面都是典型的，但是穿牛仔裤和意大利人称为“因纽特”[1]的外套，这可以很明显看出西方的电视节目比民主德国的

1. 因纽特本指北极地区土著居民，意大利人把带有毛边帽子的外套称为“因纽特”。——译者注

电视节目受欢迎的多。安格拉以前的同学们几乎一致认为，安格拉总是准备好帮助任何人，但也下定决心要“总是成为第一名”。当安格拉已经成为德国总理之后，有一个人在被询问时说：“当她决定要加入基督教民主联盟时，我感到非常惊讶，我们都以为她会更倾向左派一点，最多置身于绿党[1]人士之间。”

她是一个“极度理性的”人。她用脑子做决定，而从不用肚子做决定：当要跳进3米深的游泳池的时候，她用了整整45分钟来下决心。最后，当下课铃响起，她跳进去了。

---

1. 德国绿党，也称联盟90，是德国的一个中间偏左政党，前身是20世纪70年代末期的一个环保主义激进组织。——译者注

第二章

CHAPTER 02

柏林墙还抵不上一次桑拿

“迟来的人，将会受到生活的惩罚。”

米哈伊尔 · 戈尔巴乔夫这样说。

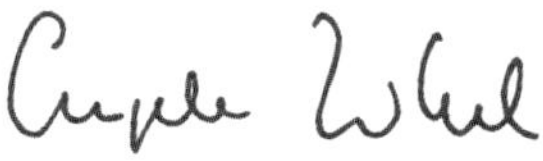

“迟来的人，将会受到生活的惩罚。”米哈伊尔·戈尔巴乔夫这样说。1989 年 10 月 7 日，民主德国为了庆祝成立 40 周年举行了盛大的庆典。当时爆发了游行示威，但遭到了警方的武力阻挠。统一社会党的领导人埃里希·昂纳克看着这一切，几乎懵了。他不知道，他后来的接班人埃贡·克伦茨也不知道（埃贡·克伦茨曾极力试图避免整个国家瓦解），在那之后不久柏林墙就会坍塌，整个世界也将随着柏林墙坍塌。奇怪的是，戈尔巴乔夫所说的话在昂纳克身上奏效了，但是对于安格拉·默克尔却并不是那样。当然，她谁都不是，在历史中，当成百上千的人翻过分割柏林的关口之前，她就已经迟到了。现在，她会极速地弥补那些曾经错失的时间。但 1989 年 11 月 9 日，在世界改变了它的一些基本特点的那一天，这位未来的德国总理显得有些心不在焉。

星期四她通常都会去洗桑拿，就算世界坍塌了，她也雷打不动。而那天（11 月 9 日），世界真的坍塌了，她像往常一样，习惯性地在桑拿房中流着汗水。她之前也从电视里听说了一些事情。君特·沙博夫斯基——统一社会党新上任的中央委员会书记，喋喋不休地讲了一些难以理解的关于开放边境的事情。“有一个新的规定”，沙博夫斯基在一个新闻发布会上说（在现在的时代，德国电视里总是有新闻发布会，这俨然成为一种绝对的狂热），“允许没有特别批准的‘私人旅行’……”整个发言的用语极为官僚，难以全部理解，但是几乎所有的东柏林人都迅速地理解了。可是默克尔并没有理解，那时她还是一个科学家，一个物理研究者，不是政治家。应该说，她看上去与政治完全没有任何关系。人们欢欣涌动，而安格拉却克制自己没有给母亲打电话，然后就去蒸桑拿了。尽管她也曾跟父母说过，如果有一天人们被允许到“那边”去，他们肯定会去凯宾斯基[1]吃牡蛎的。多年以后，她作为一个众所周知的实用主义者这样说道：

> 我并没有立刻明白那天晚上就会开放柏林墙。在晚上9点。但不管怎样，我没有错过什么。

就这样，“并没有像往常一样去喝一杯啤酒”，就在那晚9点，和民主德国的百万居民一样，她终于出发了，胳膊下还夹了一个大大的运动包。她的样子似乎浮现在眼前：蓝色的大眼睛和齐耳的发型，她跟着人流，通过了博恩赫姆大街的关口，有些冒失地进入了西柏林的威丁区。她在寻找一个电话亭，想给汉堡的阿姨打电话（其实安格拉几天前去拜访过她，这种拜访对于其他的“民主德国人”[2]则是一件复杂得多的事情），但没有成功。之后回忆中的画面就是，她在陌生的人群中以一种相当文雅的方式短暂

---

1. 凯宾斯基是当年西柏林的一家非常有名的餐厅。

2. 原文为 Ossies，是民主德国时期居民的谑称。——译者注

地庆祝了一下，而她周围的人都非常激动和兴奋，因为不可能的事情突然变成了现实。她说：

> 我碰到了一些人，然后突然我们所有人坐在了西柏林的一户喜庆的人家的公寓里，在那儿我也能打电话了。后来那些和我在一起的人全都想去“库达姆大街”[1]，但是我更想回家……你们知道，我早上得早起去上班。

然后，这位德国总理补充说：“如此多的外人的陪伴……就我的习惯来说，那次我真的是过了。”

如今，在历史动荡面前想办法引领这个欧洲最大的国家的她所表现出的冷静，即使是对于一个地地道道的德国人来说，也是很引人注目的。莱纳尔·艾波曼是 11 月 9 号的主角之一，后面我们还会再提到他。在他的讲述中，那一天听上去有些不同：“所有在街上走的人都不知道那个晚上他们能否安然无恙地回到家，也不知道这会给他们的事业和孩子带来什么后果。但街上仍然有两百万人！我相信这就是所有一切加速发生的原因之一……我们听到人们说：‘得了，快打开吧！沙博夫斯基说了我们可以过去’。但守卫们却没有反应。他们站在那里，迷惑而呆滞。观察他们一会儿之后，我意识到他们之所以没有反应是因为他们没有配备武器。通常，一个德国士兵都是叉开双腿志得意满地站着。但这些守卫的神情完全不同：他们看上去慌乱又迷惑，无力自保的样子。而且，说实话，指望这些十八九岁二十岁的年轻人来解决民主德

---

1. “库达姆大街”是德国一条销售各种奢侈品的购物街。——译者注

国的问题是相当不合适的，更何况他们还被解除了武装……好吧，情况就是这样，几分钟过去了没有发生任何事情，直到那时我们才意识到，看来士兵们不能打开边境，所以得我们自己来打算。于是我们就这样做了。十分容易，我们就去到了那边。我和我的朋友大约步行了二十米，然后我们停下脚步。其他所有人也越过博恩霍尔姆街，然后进入了联邦德国。仿佛所有的东柏林人都有着同一个想法，在意识到越来越多的人正在越过边境以后，他们想亲自去看看正在发生的事情。于是就这样，他们也越过了边境。我们两人停下来，观察着这一幕，看着那些人，看着那些或是欢欣鼓舞，或是不可置信，或是犹疑不决的面孔。人们互相拥抱着。我想强调的是，这所有一切正是东柏林的人们一手造成的。”

然而，默克尔女士不喜欢让自己被各种事情拖拉，她更喜欢科学分析的简单适度，而不是敏感的热情。即使她在面对具有世界性的重要意义的历史事件时，也是如此。从“我早上得早起去上班”这句话可以看出，她没有理解到她正在经历的伟大的历史时刻。

几天之后，安格拉去了波兰。她的同事对于她身处波兰而不是德国都难以置信，那时的德国“所有的一切都是那么激动人心”。她说：

> 之后他们告诉我，在我们下次去柏林的时候，德国很有可能就已经统一了。我当时非常吃惊，我从来没有想过那么多。

1989 年 11 月 12 日，一名男子举着榔头向已经失去封锁意义的柏林墙砸去

吃惊，也许和其他德国人的反应是一样的。但是，他们每个星期一都不断地聚集在广场上，他们的标语众所周知："我们是这个民族。"随后变成了"我们是一个民族"。默克尔则仍然持怀疑态度。

突然，默克尔决定要从政了。我们并不知道她作出这个决定的准确时间，所有这一切都发生在柏林墙倒塌之后，肯定不是在那之前。她不是那些参加了成百上千次游行示威的人中的一员，不是那些冒过一定风险的人中的一员，也不是那些聚集在教堂里公开批判昂纳克政权的人中的一员。当然，在一些冲突中也看到过她，那个年轻的物理学家，但是她从不参与讨论，从不坐在某一方倾听。"她似乎对政治不怎么感兴趣"，有人证实说。格特鲁德·赫勒在《教母》(*Die Patin*）一书中写道，她"在一个角落里，怀疑而沉默"，就像是转述了一个"民主觉醒"（Demokratischer

Aufbruch，缩写为 DA）的代表人所说的话。“民主觉醒”是活跃在柏林、莱比锡、但泽等城市大街小巷的主要公民运动之一，它先于“转折”（Wende），德国人将 1989 年发生的那些事件称为“转折”。

默克尔在谈到那个不同寻常的秋天时说：“我曾经是个观察者，在大门关闭之前的那一刻逃走，不是我做的事。”这是一个令人好奇的词语选择。她说“大门关闭”，但对于百万德国人来说显然是一种开放，是近 30 年来人们所渴求的开放。人们似乎将柏林墙的倒塌作为一种获得自由的标志来谈论，对她来说并不是本能的一件事。“没有人问她，她看到的那扇关闭的门是什么”，赫勒写道，然后补充道：“这是这个来自东部的观察者的前景展望：关闭的是社会主义经验的大门，而那些开放了的门将会发生的事情，以后就会知道了。”

这当然是一种狭隘的解说。在那几个月里她更愿意沉默，这确实是真的。当时她已经 35 岁了，但还有一股学生气。她没有把那些话当回事，没有被人群鼓动，没有置身于民主德国各个城市日益壮大的游行队伍的领头者之中。“我当时不亲近政治，也就是我很长一段时间不活跃于政治活动而已。”另一方面，在昂纳克的政权下人们曾学会沉默，而她也的确沉默。她曾经学着去体会字里行间的深意，学着不让人们注意到自己。应该说她是这方面的大师，在学校的时候就是如此。谁会告诉别人自己是一个新教牧师的女儿呢？加入自由德国青年团时，谁会说自己满脑子都是批判政权的火苗，以致会成为“转折”系列事件的主要政治人物之一呢？

就这样，安格拉·卡斯纳，婚后姓氏默克尔，“就像一头无辜的羔羊准备好了变成母狼”（赫勒），以一种“无特征的且偶然的”方式，看了看赋予新民主德国生机的所有现实情况。她在各个政党之间侦查，尽管她并不习惯这样。在她看来，柏林公民运动“太幻想、太和平主义、太左派”了。她对社会民主党（SDP，后来变成了 SPD）人士的评价也不太好。他们“很无聊”，默克尔有些生气地说，因为他们过分左倾的风气，以及“一切都过于完美，组织已经交给了来自西方的人们”这个事实。然后，她说，这些人“互相称兄道弟，不用尊称，这种事在我这儿是行不通的”。

然而安格拉最终加入了玛莲布格大街 12 号，也就是“民主觉醒”（之后这支力量适时地汇入了德国基督教民主联盟）的地方。她说她“喜欢混乱”，并且那些人“不是那么极度左派，他们不是基础的民主人士，而是以某种方式更脚踏实地的一群人”。事实上他们在开始的时候也做了纲领性的较大改变：他们是“反国家意识形态化”的，但同时也发表一些支持国家的某种社会主义想法的言论——“对于真正的社会主义批判，并不意味着放弃对一种社会主义的社会秩序的研究和看法。”其中还有环保人士，他们呼吁“在工业社会中重建生态”，然而柏林墙倒塌后的第二个月，“社会主义”这个词就从党的纲领中消失了，当时“民主觉醒”才刚刚正式成立不久。关于民主德国的公民们，“民主觉醒”运动的领导者及其活跃分子要求“德国人民自主决定”，东部和西部都一样。在重新统一的形势下，他们甚至猜想联邦德国会退出北大西洋公约组织，当时这种猜想在民主德国非常盛行。

这就是安格拉·默克尔加入的政党。即使“并不知道‘民主觉醒’是否曾经提出过归附的正式要求”，仍然是那个消息灵通的朗古特说，在那令人难以置信的岁月里，这些事情也许只被看作没有什么意义的琐事，并且事实是尽管“进行了大量的探索研究，但是从没有找到这类的表格或者汇编集”。

活跃分子、柏林人安德雷亚斯·阿派尔特回忆说，记得默克尔出现在普伦茨劳贝格地区的“民主觉醒”运动分区，询问自己是否能够“听一听”。当时默克尔还补充说她“有一些时间，可以参加”。她最初有一项任务，是设计和制作传单。事实上，她就像是一个迟到了十年才靠近西方的带着油印机的安琪儿。这个新来的活跃分子以一篇她在美居巷精心写成的文章作为开始，这篇文章是针对柏林的出租车司机而写的，从政治角度看，他们被视为一个非常敏感的群体，用当时的话来说，就是一个“一致意见的加倍器”。

在那令人兴奋而又混乱的几个月里，默克尔日益让自己变得不可或缺。那个在犹疑踌躇时“知道应该做什么”的女人，那个“远离任何时尚先锋”并且有“一些小女孩习惯作风”的女人，带着不变的青春的外观、气质以及温和的表达方式（她似乎总是穿着一条栗色的灯芯绒裤），她迈着无声的步伐走进了政治世界，一步都不会错。她向科研院的上级请求无限期离职，带着一脸完全知道自己想要什么的表情。默克尔最后成为了“民主觉醒”的媒体发言人，不知不觉她已处于舆论关注的中心。然而这种职务她再也不会有第二次。她不是党的创建者之一，但是在短短几个星期内她就担当了非常重要的角色，成为关键人物，因为所有与情报工作人员的关系都要经过她的手。

她喜欢把自己描述成那个“拆开从西方来的崭新电脑的包装，

并且第一个开机”的人，一个总是给自己找事情做的人，一个一旦需要从不缺席的人。谦逊，乐于助人，慎重，有分寸，一丝不苟。默克尔的工作“做得非常好”，她昔日政党的同事们回忆说，并且她是一个“不受任何政治热情拘束”的人，非常有合作精神，不会过分繁琐。“就这样，她离内部纠纷远远的，系统性地一点一点建立起自己在‘民主觉醒’内部的地位。”谨慎的朗古特这样写道。默克尔自己说：

> 是的，我来到了正确的人们身边，我认识了有趣的人，我参加研讨会。包括当时公开的“民主觉醒”的主席会议，我也全部都参加了。

所以，在特普雷托举行的柏林地区党的合并大会上，她被委

默克尔喜欢在树林里散步

以官方发言人的职务。显然，这是一个非常引人注目的角色。她与记者们对话，并与“民主觉醒”的主要领导人保持日常关系。

那是一个充满希望的年代。很多民主德国人坚信仍然有可能在社会主义和资本主义之间建立“第三条道路”，设想可以同西方的同胞们一起建设统一的德国。他们认为那些几个星期前推动了历史，开启了“和平革命”的人们将在两德统一中起到最主要的作用。那次革命结束了一个最左倾最官僚以致令人窒息的铁幕政权。但没有什么比这种想法更错误了。

民主德国最初的（也是唯一的）自由政治选举被定在1990年3月18日，“民主觉醒”的领导者预想该党能够获得20%的选票，但现实完全让他们的希望落空。“民主觉醒”获得的选票刚到0.92%的时候就停滞不前了。这是个灾难，是一次压倒性的无可辩驳的溃退。大体上，民主德国的公民更愿意依靠从联邦德国来的大政党，实际上他们背叛了在柏林墙倒塌之前，那些挤满大街小巷，在各广场慷慨激昂的活跃分子和知识分子。人们尤其信任基督教民主联盟，那是由赫尔穆特·科尔领导的同名政党的姊妹党，而科尔立刻成功地给自己缝制了“统一的德国总理”的外衣。当然，对于“民主觉醒”的主席沃尔夫冈·施诺尔的一些黑幕的揭露或许也导致了这样的结果，他曾经是民主德国国家安全部的“非官方”线人。于是在选举之后的几天，该党不得不举行一次微妙、尴尬而棘手的新闻发布会，来解释发生的事情，而这次与媒体的会面，就是由默克尔操办的。“这个在那些年里同很多一线政客一样的男人，这个曾经在教会机构中担任过各种职务的男人，现在被揭露为一个敌人，一个为那种体制工作过的人。这对默克尔来说，也应该是一种极度的失望。”虔诚信教的传记作者福尔克尔·蕾邢这样写道，他的那本关于德国总理的书名叫《新教徒》。其言外之意是，安格拉可能因为一个事实而感到心烦意乱，即她的父亲也是一名教会人员，而他曾经在那段时间与民主德国国家安全部的官员们有一些不明不白的联系。

还好，在民主德国没有像西方那样必须达到 5% 的选票最低线，所以“民主觉醒”还是得以派出四名众议员参加了人民议院，其中就有莱纳尔·艾波曼。

人们可能会这样想，温顺的安格拉，在柏林墙倒塌后充满了各种各样的想法，她一定对这个倾覆性的选举结果感到失望，或者至少看到了她刚从政治活动中获得的意义危险地出现了裂痕。但事实并非如此。基督教民主联盟以 40.8% 的选票大获全胜。默克尔并没有去举行“民主觉醒”党本是“庆功宴”的穆勒饭店（这多少有点使人沮丧），而是更有兴趣先去了国会大厦，也就是民主德国的议会所在地。这样，尽管在百来架摄影机和赶来报道该事件的千余名记者的混乱场景中，她还是能够近距离地观察“隐藏的”总理洛塔尔·德梅齐埃接受一家无线电视台的采访，然后她试着进入枫叶饭店，那儿在举行真正的庆功宴，庆祝基民盟的胜利。然而，她和一个“牵着她的手”的同党同事一起，在禁止闲人入内的安检时并不走运。但是，安格拉说就是那次机会，她碰到了托马斯·德梅齐埃，他是洛塔尔·德梅齐埃的堂弟，多年之后是默克尔政府的内政部长，曾经也是德国总理办公室的头儿。安格拉替民主基督徒们说话，与他谈及“不能忘记‘民主觉醒’为政府的政治活动作出的贡献”。没有其他任何人记得这次碰面了。

在之后的几个星期内，发生了另一个奇迹，与其他奇迹一起塑造了安格拉政治生涯的第一阶段。柏林墙倒塌后不久，在1990年4月，在新组成的内阁中，安格拉再次得到了一个引人注目的政府职务。默克尔刚刚开始政治活动就成为处理德梅齐埃政府与媒体关系的副总负责人，这完全是一件很奇怪的事，或者说这应该是不可能的事，因为实际上“民主觉醒”在选举中已经被淘汰掉了。诚然，德梅齐埃总理确实选择了艾波曼——进入内阁的唯一一个“民主觉醒”的代表人——担任国防部长，主要负责裁军。艾波曼曾经是最初的几个有良心的民主德国反对者之一。但同样真实的是，“民主觉醒”只有四个众议员，在联盟政府中只代表最小的那部分，而联盟政府是由律师和提琴手[1]主导的，以前他们在汉斯·莫德罗领导下的“过渡”政府的教会事务理事会里，就担任着副主席一职。也是因为这个原因，默克尔不费一兵一卒就成了发言人多少显得有些特殊。总之，如果说这是在政府中增添来自“民主觉醒”的盟友，那么为什么不选择一些含金量更高的人物呢？

甚至有人认为是她的父亲卡斯纳去替女儿“说了好话”，他过去应该与德梅齐埃有一些关系。另一个说法是艾波曼对新总理说：“我认识一个人可以完美胜任新闻办公室的工作。”德梅齐埃有一个媒体顾问，叫汉斯·克里斯蒂安·马斯，他似乎在那动荡的几个星期，在西柏林的一个研讨会上就已经认识了默克尔，他也许

1. 这是一种象征意义，意思是联盟政府是由律师和提琴手这种社会阶层比较高的人物主导的。——译者注

也跟总理谈到了她（或者说反过来总理向他提到了她）。但另一个德梅齐埃，也就是托马斯·德梅齐埃，说是他自发地举荐了默克尔去担任那项职务，因为他曾经借某个机会对默克尔在“民主觉醒”的工作做出了“非常有效率”的评价。

总之，此事还没有确定的说法，这种情况在这位强势的德国总理传记里多次出现。默克尔接受该任职的信倒确信无疑：

> 在经过短暂的思考和与我的上司快速对话交流后，我怀着感激，乐意接受成为政府新闻通讯的副总负责人的提议。

这位未来的德国总理还补充说，鉴于行程安排她不日将赴伦敦，几天之后她将电话通信。总之，历史已经写成。默克尔处在这些事件的中心。

在这项新工作中，默克尔表现出自己的高效、能干和精准，所有人都对这位发言人赞美有加。西方的记者们都偏爱她，说她总是能提供极其详细和准确的信息，知道抓住实质，在新的东柏林，没有比她更可靠的官方消息来源了。她的外表也很有特点：长长的黑色半身裙，黑色外套，以及那种在德国被称作“耶稣鞋”（Jesus-Latschen）的平底凉鞋。没有人证实她在穿这种鞋的时候是否会穿袜子，但是他们说默克尔当时对自身服饰行头的关注度是相当小的。有一次出差去苏联，德梅齐埃不得不强迫她给自己买“一双体面的鞋和一件大衣”。然而，这个女人相当有直觉判断力。她既可以哈哈大笑，也可以极尽讽刺（国际观察者后来也证实了这一点），尤其是她迅速地表现出一种对媒体的优先权真正的第六感，或者说她凭借这一点，在部长们之间，一次次地赢得了记者的关注。总理在出国访问时多次带着她，让她代替主要发言人玛缇亚斯·格尔勒的位置，而格尔勒也在一些特别重要的任务中慷慨侠义地优先考虑她。就这样，她与德梅齐埃一起出席欧洲会议，一起去了法国、伦敦和莫斯科。

两德统一的进程比预计的更加顺畅。1990 年 5 月 18 日，在波恩签署了《关于建立货币、经济和社会联盟的条约》。当时在场的有两德的财政部长魏格尔和隆贝尔格，有民主德国总理德梅齐埃和联邦德国总理科尔。在东柏林代表团里，还有安格拉·默克尔。8 月 31 日，在经过艰难的谈判之后，签署了《两德统一条约》，条约共 45 款，足足有上千页。安格拉·默克尔也在，她负责协调与媒体的关系，因为她是民主德国政府的副新闻发言人。

总而言之，"民主觉醒"差不多就迅速变得微不足道了，但这对默克尔来说似乎并不是什么问题。实际上，"民主觉醒"在它诞生后的 8 个月就合并入民主德国的基督教民主联盟，这件事对默克尔来说无疑也是一个机会。10 月初，在汉堡举行了科尔领导下的政党的联合代表大会，该党以某种方式加快了重新统一的进程，也就是说它联合了联邦德国各党。你看看，卡斯纳牧师的女儿成功地成为三个代表之一。她作了一次精彩的发言："等待着我们去做的公共事务让我兴奋。"她声称"民主觉醒"将在这个基督民主人士的巨大实体中组成一个"工作团队"，但并没有详细阐述。

有意思的是，安格拉·默克尔正式进入基督教民主联盟这件事也笼罩着神秘感。在联邦众议员们的传记中（这种册子相当于意大利的*Navicella*[1]），说她于1990年（并没有说明月份）注册加入了该党。但在一次采访中，默克尔说她是1990年8月加入的。

现在可以明确知道的是，默克尔在德国完全统一以后就失去了政府发言人的工作。她对此并不担心，而她也不会冒险再回到科研院。她被保证有一个工作，即在联邦政府的信息部门担任内阁顾问。这个职务只持续了几个月：从1990年10月3日成立统一后的第一内阁开始，一直任职到新德国的首次选举，也就是12月2日。

请注意这一系列事件：在德梅齐埃政府的前任国务秘书冈特·克劳泽的支持下，她被提名为基民盟在施特拉尔松德—吕根—格里门选区的候选人。克劳泽曾经相当肯定默克尔作为发言人的工作，他后来是新内阁中五位来自民主德国的部长之一。利用在转折时期的那几个月里占支配地位的混乱，另外两个候选人都为了默克尔而被“牺牲”了，这两人都来自联邦德国。默克尔以48.5%的选票大获全胜，且超过了止于45.6%的名单投票数[2]。就这样，默克尔热烈凯旋，进入了联邦议院。这段路程似乎就这样走完了，这个本是无名小卒的女科学家成为众议员，理论上她应该可以告诉自己要满足了。但事实上，她瞄准了更高的位置，

1.Navicella，原意为小船，此处是意大利议会的年鉴刊名。

2. 选举时，每个候选人都会有一个名单，名单上一般是自己的政党或政党联盟的名字，选民可以选择投票给该候选人的政党，也可以投票给该候选人。如果获得的选票超过了名单投票数，意味着有部分选民没有投票给其政党，而是直接投给了该候选人。

尽管仍然有人轻描淡写地将此说成是谦逊。而这段时期真正关键的事件是另一个。还是在选举之前，这个来自乌克马克的女人遇到了命中贵人：赫尔穆特·科尔——统一后伟大的德国总理。

第三章

CHAPTER 03

科学的苍白与国家的间谍

“我们不应该对此感到惧怕。我们会经历这一切而幸存。”

“我们不应该对此感到惧怕。我们会经历这一切而幸存。”在安格拉的人生中，有一些形象一闪而过，其中一个是她的第一任丈夫——由于他狡黠且使人伤心——在四年之后她不客气地离开了他，也没有预先通知。亲切和蔼的乌尔利希·默克尔对《超级图画》（*Super-Illu*）杂志说：“如果我们现在还在一起的话，那我最多也就是她的保镖而已。”乌尔利希现在支持德国绿党。

另一方面，个人的成长几乎总是一个分开、脱离和解放的历程，成熟就是这样炼成的。固执的安格拉决定去莱比锡学习物理。选择去莱比锡是因为那是一个大城市，还意味着她要离开那座乡间小城。柏林离滕普林这颗“乌克马克的珍珠”太近了，她想远离父母的安全保护，尤其是想摆脱父亲的掌控。但既然她最喜欢的学科是英语和俄语，为什么选择学物理呢？她说：

> 当时我想知道那些围绕在罗伯特·奥本海默身边的人，当他们在制造原子弹的时候在想些什么。当然，选择这门学科还有一个决定性的因素就是我能够拿到推荐信。如果我当时想学心理学，就拿不到推荐信了。

至此，传记作者们就只能绞尽脑汁冥思苦想了。到底是谁推荐了安格拉·默克尔呢？没人知道。当时在民主德国选择学习科目和学习地点简直是不可能的，而她又是怎样做到的呢？

莱比锡大学——欧洲最古老的大学之一，也是德国最富传统的大学之一。歌德、莱布尼茨、舒曼和瓦格纳都曾在这里学习过，还有诺贝尔物理学奖获得者古斯塔夫·赫兹。除此之外，巴赫和莱辛也曾在这里任教。但在民主德国时期，这所大学显然被深深地政治化了。甚至“政治化”这个词都是种委婉的说法。国家唯一的工农政党——德国统一社会党到处皆是，在莱比锡大学里（当时还以卡尔·马克思命名），“意识形态控制”被视为如大气一样自然的事。学校有一位党的书记，其他的校领导也由东柏林教育部直接选择并任命。同样，很多学生也都是德国统一社会党的成员，民主德国国家安全部总是在场以保卫国家的利益。民主德国国家安全部是维护安全和秩序的代理人，这一点对所有人来说都不是秘密。凡此种种，并不意味着物理学习就是一片自由的领域。马克思列宁主义是所有学科的必修科目，这是肯定的。1951 年，学生赫伯特·贝尔特因为散发了支持自由选举和言论自由的传单，被判处死刑，在莫斯科遭处决。一个具有象征性意义的（我想不带恶意地说，这是民主德国的典型）事件发生在 1968 年。当时已经决定修建一所新的综合性大学，为了给新建筑腾地儿，校园里的一座教堂被炸毁了，那座教堂原本是 1240 年修建的多明我会[1]的修道院。学校的评议会在这之前承受着来自德国统一社会党的巨大压力，评议会作出决定七天之后，一座至美古迹就

1. 多明我会（Domenicano）是天主教的一支。——译者注

沦为一堆废墟。结果很多人在此之后，都抛弃了现实社会主义的想法，此事事发突然，且遭到了与“布拉格之春”一样的镇压。

几年之后，安格拉充满热情地加入了莱比锡大学的学生生活。她是自由德国青年团的成员，尽管她总是在德国统一社会党的青年组织中协调各种文化活动，不惜屈就自己。“我负责购买晚场戏剧的门票和类似的事情”，多年后她这样说。然而，根据其他的证据，她当时的职务是秘书，负责“鼓动和宣传”。她在基民盟的前同事冈特·克劳泽，在转折系列事件之后曾任交通部长（说实话，我们以后会看到，他有不止一个理由厌恶这个昔日的内阁同事），谈到这一点时显得生硬而严厉：“默克尔当时并不宣传基民盟的世界观，而是马克思列宁主义。让我对这个女人很气恼的一点是，她不承认在民主德国时与当时的体制走得很近。”关于这一点并没有确凿的证据，因此颇具争议，但是默克尔与自由德国青年团相关的文件资料再也没有被发现。

总而言之，自由德国青年团组织了一些专门的“学习集体”，在那里所有人都时不时地参加一些有不同社会用途的活动。比如，安格拉就为重建出现在大学附近的一种古代堡垒而贡献自己的绵薄之力。这番重建的目的是在那些古城墙之间建立一个学生俱乐部。如今的德国总理记得，她曾经和许多人一样，1973 ~ 1977 年在俱乐部的建筑工地上工作过。她并不怎么以此为乐，其他人则耗费了比她多得多的精力。值得一提的是，至今这个集各种酒吧和饭店为一体的“俱乐部”仍然是很多年轻人常去的场所。不管怎样，和其他所有人一样，安格拉必须时不时地写一系列以马克思列宁主义为主题的文章，但同样，再也没有任何人能翻出这些文章了。另外，安格拉显然是学生的榜样，而且也很受同学们的欢迎。她极其坚定决绝，会精确地规划自己的人生，知道自己想要什么，也知道应该到达哪里。比起政治，安格拉似乎更喜欢文学、戏剧，通常是文化方面。

然而，民主德国局势在那几年里紧张而剧烈，人们习惯的那些可靠与确切的东西被不停地动摇。1976 年，持不同政见的创作歌手沃尔夫·贝尔曼在他第一次赴西方巡回演出的过程中，被剥夺了民主德国国籍（默克尔似乎很喜欢听沃尔夫的歌曲，这些歌曲被政府的最高领导层视为丑闻，但是仍然非常的“共产主义”）。科学家罗伯特·哈维曼也被无限期地软禁在家（安格拉是罗伯特·哈维曼的儿子非常要好的朋友，他叫乌尔利希，也叫伍兹，是罗伯特与其前妻之子），而曾经在《更替》[1]一书中严厉批判当时政体的哲学家鲁道夫·巴罗也被逮捕了，像一个包裹一样被遣送到联邦德国。之后还发生了很多抗议，通常都被镇压了。朗古特匆匆记载了一笔：“结果安格拉·默克尔并没有参加抗议行动。”之后又补充道：“默克尔将她学习的那段时光描述为‘定位于利益，但是非常明朗而且完全没有什么焦虑和烦恼’的一段时间。”她很喜欢旅游，和她未来的丈夫乌尔利希·默克尔（当时他也是学物理的学生）一起，去参加各种学生聚会（“每个星期我们会去两次迪厅”），有时也站在学生俱乐部的吧台后面赚几个马克，在那儿调制“樱桃威士忌”（也有人精确地指出那是伏特加酒，因为从苏联进口伏特加是最容易的）。

---

1. 此书英文版全名为 *The Alternative in Eastern Europe*。——译者注

安格拉常去福音派新教会的学生会。有一天，学生牧师问她是否想要成为该会的“信托生”，安格拉委婉地拒绝了。学生之间的讨论很少涉及关于两德重新统一的可能性的问题。当时的现状作为一种不可抗拒无法避免的状态而或多或少地被接受，人们至多也就寄望于一系列的改革。当时苏联的政治经济改革还没有到来，人们的视野仍然很狭隘，前景暗淡。当时在民主德国，对一些国家事务的反对平淡无奇，而对于民主德国开启自由大门之后何去何从，安格拉的朋友都没有任何确切的想法，因为通常他们都会断然强烈地批判资本主义体系。也正是因为如此，20 年后，看到安格拉到达基督教民主联盟顶层的人才会深受感触。安格拉的一些朋友是当时政权的反对者，比如莱因哈特·福尔菲特，他后来被讯问调查，之后想办法成功移民去了西方。他给好朋友安格拉写了几封信，但这并不是什么称心如意的事。与“社会主义国家的敌人”的书信往来当然是无益的，因此安格拉通过一些渠道告诉可怜的莱因哈特，最好不要再打扰她了。

1977 年，这位牧师的女儿决定结婚了。当然，是在教堂结婚。她当时只有 23 岁，但是早婚在民主德国是一件很正常的事。她的婚纱是蓝色的，是她最喜欢的颜色。婚礼只邀请了几个挚友，而真正的派对则是在瓦尔德霍夫举行的。早在婚礼之前，他俩就在一家类似于招待所的旅店订了一个极小的且不是那么令人愉快的公寓（其他房间被四个学生占用了）。公寓里分出来一个盥洗室，此外还有各个房客。每月房租只需要 20 马克。当父亲卡斯纳来新家探望女儿的时候，担忧地说：“确实，安格拉还有很多路要走呢。”有人认为，这位未来的德国总理一辈子都没能忘记这句话。

毕业后，他们辗转到了柏林，住在米特，离柏林墙就只有几步路。两人的婚姻没有太多的激情，他们的故事于 1982 年草草结束。

乌尔利希·默克尔说：

> 一天，她收拾行李搬走了。她为了自己考虑作出了这样的决定。总的来说，我们是以一种很平静的方式分手的，况且在经济上我们彼此都是独立的……

安格拉对此的说法更加不浪漫：

> 不，那不是伟大的爱情。我们结婚，是因为所有人那时都结婚。这件事现在听起来非常愚蠢，但我当时步入婚姻时并没有足够地严肃考虑。三年之后（实际上是四年），我们就离婚了。我错了。

这就是故事的结尾。

此后，她在东柏林的科研院度过了十二年。安格拉——不再姓卡斯纳，而总是姓默克尔，谁知道为什么呢——就像生活在甲板下面。她是一位科学家，但只是一位“小”科学家，这与她总想成为“第一”的抱负相抵触，而野心和抱负从学生时代开始就一直伴随着她，直到任职德国总理。她的研究工作没怎么得到重视，进展也非常缓慢。在民主德国每一项学术活动的典型特征就是缓慢。在这里，时间流逝得似乎也比其他地方缓慢。科研工作在一幢灰色的楼里进行，那里满是灰尘，令人抑郁。而安格拉曾是“典型的没有幻想的年轻科学家……只有在骑自行车去勃兰登堡孤独地郊游时她才会伤感”。迈克尔·辛德海姆在一本类似于自传的小说中这样写道。他曾经是安格拉的同事，后来成为柏林歌剧院的主管人。

从科学研究的角度看，与美国等国家相比，民主德国简直就处在史前状态。很多著名的物理学家在柏林安德尔斯霍夫科研院工作，那里的硬件条件相当简陋。罗博顿是德累斯顿州的一个生产电脑的联合企业，该企业制造了巨大的中央计算机。它以 IBM 公司的一个产品为模型，仍然使用打孔卡片。要得到计算结果需要几天的时间，每一项计算的进展总是缓慢得令人恼火。1986 年 1 月 8 日，默克尔上交了她的量子化学博士论文，但是在论文后要附上一篇关于马克思列宁主义的文章。她的题目是《社会主义生活方式的风格是什么》。她表示该文章更多地论及了农民而不是工人的工作，她由此受到了当局的多次批评。2010 年，《明镜》周刊发现，默克尔曾因那篇文章获得纯粹的“满足”。但这篇文章再也找不到了。

除了与朋友们搭便车去“异国”旅行之外，默克尔在柏林科研院的那几年似乎没留下什么太醒目的标记。旅行的目的地有亚美尼亚、阿塞拜疆、美国佐治亚州（这也证明了她能够在社会主义世界的狭隘中自由活动的显著能力）。辛德海姆讲述说，他与安格拉关系密切，并不是因为奇妙的科学的世界，而是因为他的同事安格拉每天都会去他办公室两次，手里端着一个放着两杯咖啡的托盘，就为了随便聊聊天。遗憾的是，正如 2001 年被发现的那样，辛德海姆在那些年里一直是一个“伊姆”（Im），也就是民主德国国家安全部的“非官方线人”。他似乎只向安全部汇报一些诸如默克尔的文化消费习惯、艺术趣味等的日常问题。他似乎是一个最糟糕的间谍。2002 年他表示，“从来没有说过关于安格拉·默克尔的任何一句话”，这引起了默克尔的极大愤怒，当时她已经成为联邦德国最大政党的领袖。

这就是关于民主德国国家安全部的内容。很显然，安格拉在民主德国时与国家安全部［Mfs，更机密一些的说法是史塔西（Stasi）］可能存在的关系问题，最微妙棘手，调查起来也最痛苦、最困难。她与史塔西可能存在的关系，有些时候仅仅只是一种猜测且并不能证明，但在另一些时候则是非常相关的。这个问题难以调查的原因，一方面是因为她本人对此很圆滑，另一方面现在相关文件通常都是很难接触到的。本书开始就多次提到了卡斯纳与“党的盾与剑”（这是史塔西的官员自己的定义）的合作，尽管时间很短暂。卡斯纳真的与安全部有过联系吗？现在，在这里提起曾经与民主德国的安全机构合作过的人（自愿或者非自愿，官方或者非官方）的数量庞大，是没什么意义的。根据一些计算，“合作者”曾超过五十万，总的来说，国家的间谍渗入了小区、学校、工厂、大学。就像之前说到的，据估算，在当时的民主德国，“线人”和整个人口的数目比约为 1 比 6，这数字简直夸张到让人难以置信。BBC 的记者彼得·莫利在他的书《共产主义时代的生活》中写道，仅仅在八十年代，就有 8% 的牧师和路德教会的行政人员被列入国安部的合作线人名册中。总之，很难找到一个无论何种方式来看都和史塔西没有关系的人：要么是合作者，要么是被监视的人。有的时候甚至合作者也同样被监视。所以也很难在这个问题上做道德文章。这里我们只能说，在卡斯纳这个个例中，事情也不明朗，不管从哪个方面看都是如此。然而从史塔西的文件档案中可知，当卡斯纳初来民主德国时，曾被视为“一个国家的敌手”。朗古特参考了1972年的一份卷宗后转述，一些密探曾试图勒索卡斯纳，因为他手里有持不同政见的苏联人安德烈·萨哈洛夫的一篇文章，这是很不利的。后来卡斯纳牧师同意将该文章充公，并且也同意在他的工作室里接受询问，而这也违反了教会的规定。总的来说，之后卡斯纳在与民主德国国家安全部可能发生的关系上并没有严格地保持距离，尽管他与安全部不定期的或者是定期的合作从来都没有被证实过。

然而，几年之后，关于安格拉与民主德国国家安全部的联系引起了种种思索和猜想。安格拉本人说，在1978年曾有两名安全部的官员接近她，向她提出了合作的提议。她当时还是一名研究员，她以不善于保守秘密为由拒绝了。说得更直白一些，她就是在装傻。根据安格拉的说法，在拒绝了安全部之后，她申请进入伊尔梅瑙工业大学当科研助理的请求就落空了。那两名官员是谁，人们不得而知。这位德国总理在2009年的一次电视节目上再谈到这个问题时，两名安全部的官员变成了一个。

然后就有了安格拉的证件照事件。她的证件照在著名的异见分子、共产主义者罗伯特·哈维曼的卷宗中被找了出来，并且不停地被一些多少有点“阴谋论”的媒体，尤其是极右的媒体炒作（其意义和吸引力在于，这或多或少证明默克尔当时是一个热忱的共产主义者）。我们与这些媒体保持距离，只是简单地转述完整的信息。

一般的说法是默克尔常常去哈维曼的家，因为他儿子乌尔利西是她的朋友，并且曾经帮助她从莱比锡搬家到柏林。作为回报，她去照顾他的孩子们。在情报网（The Intelligence）看来（我们还可以从各种其他网站上引证），事情并不是那么简单，就像一个右派作者辛里奇·罗博恩在他的《默克尔体系》一书中所写的一样。哈维曼从1976年开始就被软禁在家中。民主德国国家安全部不间断地监控着他。为WDR频道（德国公共电视三台）写了一篇题为《权力之眼——史塔西印象》通讯报道的作者们，在他们的调查中偶然发现了哈维曼卷宗里默克尔的证件照。那张照片是1980年拍的，是由安全部密探所做的系列“肖像”中的一张，那些照片是那些年里去过哈维曼家里的人的。也就是说，除了朋友和家人“正常的”拜访者以外，也包括安全部的首脑们逐渐派去的“非官方线人”。《瑞士杂志》（*Schweiz Magazine*）猜测她可能是那些奉命监视哈维曼的人之一。也就是说，默克尔曾经也是史塔西的一个“非官方线人”。这显然未经证实，也无法证实，也许是不合逻辑的。据信，哈维曼曾是默克尔的朋友。他也是一名物理学家，有一段时间默克尔还与他在科研院共用过一个办公室，这也使默克尔出现在哈维曼家变得非常“正常”。但是，WDR频道的纪录片作者们曾向默克尔询问是否可以在电视上展示那张照片，这位总理生硬地拒绝了。理由是，保护默克尔女士的个人隐私。此事在2005年被《明镜》周刊再次提及。

问题是，在民主德国，间谍问题几乎总是最复杂的，没有经历过那些年、去过那些地方和体验过那种氛围的人，是很难重新还原和体验的。经常会有这样的故事，比如美术馆馆长拉弗·巴托洛迈乌斯，本来他生活在反政权的文化活动一线，突然就被一个与他关系亲近的女艺术家指控为史塔西间谍。因为当局发现这个女艺术家想离弃祖国，而能将此事告知当局的人就是拉弗·巴托洛迈乌斯，在民主德国他是唯一知道此事的人。然而她错了，在柏林墙倒塌之后，当史塔西的档案卷宗被翻开，人们发现那个背叛她的“深喉”[1]竟是一个西方的朋友。

蛇蝎友人，在民主德国非常典型，就以弗兰克·施耐德的故事为例。他是安格拉的同事兼密友，当时所有人都称呼他为施耐菲。他也是“伊姆”，一个史塔西的“非官方线人”，代号是巴赫曼。在档案卷宗里他断言安格拉·默克尔“对于我们的国家是持批判态度的”，在别处则说这个女人“与普伦茨劳贝格地区的各界有联系，该地区与我国的政治鲜有相同之处。她也与年轻的艺术家以及福音派教会的成员有联系。尽管安格拉认为苏联的领导犹如独裁者，所有其他的社会主义国家都要屈从，但她对于俄国语言和文化充满了兴趣和热情”。为了说明这个话题有多么微妙，伊福林·罗尔在他的书中——可能有一些故意地——回忆：

> 在民主德国，当问题变成一个关于实现民主并且建立民主党派的问题时，据说在所有的政治构成中都是史塔西的人——或者用更谨慎一些的说法——是跟民主德国国家安全部相关的专门人士，那些手握民主政党领导权的人。时至今日，没有人知道当初是谁负责让这些带着史塔西牌照的人在每一个恰当的时候出现……

还有一个关于曾经活跃于联邦德国的史塔西成员的话题。“那不只是几打人，而是好几千人。”玛丽安娜·比尔特勒曾经这样对

1. 此处为比喻，指通风报信的人。——译者注

《明镜》周刊说，她是“Gauk Behörde”[1]的负责人。而默克尔总理则对《世界》说，她自己“非常有兴趣知道有哪些联邦议院的议员曾经是史塔西麾下的人”。然后她补充道：

> 我的“民主觉醒”的上司曾经与史塔西有染，民主德国社会民主党的头儿也曾与史塔西合作。我对此已经不抱幻想了。如果在联邦德国也曾经有过类似的事情，就应该摆到桌面上来。即使事实会令人非常悲苦，而德意志联邦共和国是相当坚强的。我们不应该对此感到惧怕。我们会经历这一切而幸存。

直到今天，民主德国国家安全部那些关于安格拉·默克尔的文件都没有公开。

1.Gauk Behörde 是负责调查和研究史塔西文件档案的联邦委员会。

第四章

CHAPTER 04

更胜于莎士比亚

通常，伴随着默克尔的攀登之路，一颗颗“头颅”落地。

赫尔穆特·科尔知道，安格拉·默克尔能够成为一颗极其珍贵的棋子。但他从来没料到她也将会成为他的折磨和担忧。那个“小女孩”，曾经是科尔构思宏图大业中的完美人选。她来自民主德国，但出生在联邦德国，她在某种意义上可以说是两德的女儿。另外，她是个女人，而且显然是非常聪明的女人。科尔真的是一个天才政治家，但是他也没有想得太长远。在他眼中，安格拉就像从天上掉下来的一样，给东部“新联邦州”的公民们一个非常清晰有力的信号，这在当时是非常正确的。也许他还认为安格拉是一个顺从的、可被操控和引导的人，而她在刚开始的时候也许真是这样。

一切始于基督教民主联盟的“合并大会”之前。此次会议定于 1990 年 10 月 1 日至 2 日召开。曾经的副新闻发言人安格拉，已成为“民主觉醒”的代表，在会议上，她靠近同事汉斯·盖斯勒，他后来当上了萨克森州的社会事务部长。“你就不能把我介绍给科尔认识一下么？”她这样问他，就像这是世界上再自然不过的事情。于是就这样，当媒体在汉堡市政厅的底层受到接待时，年轻的女政客和伟大的德国总理见了一面。那次谈话进行了很久。

显然，两人互相欣赏，他对她印象深刻。这个姑娘口齿清楚，有说服力并且很自信。“我当时想，现在我要去见总理了，而他会问我一些很难很难的问题。然而来了一个非常简单的问题……”谁知道当时的情况是否真的是这样呢。不久之后，还在最初的“统一”选举之前，默克尔收到了一封去总理公署的邀请。她带着适度的感动回忆道：“我去了波恩，做了一段时间的前台，然后我们谈了谈竞选运动的事，显然科尔对我们的对话非常满意。”

最打动科尔的当然不是外表，那时她的外表还没有像现在这样规范化。相反，如果略带恶意的话，可以说外表也促成了科尔从那之后作出的各种选择。从外貌看，默克尔似乎就是民主德国的化身：她具有“民主德国人”的精髓，完全脱离时尚，她不只是不感兴趣，也许她还不习惯于去理解什么是赢得好感和喜爱的“吸引力”。大大的裙子，颜色暗沉的女式衬衫，“总是有一些疲惫的眼神”以及厌恶每一种化妆品，于是男同事给她取了一个绰号——“灰老鼠”。《法兰克福汇报》甚至愤慨地惊叹道：“她竟然在公共场合吸烟！”

然而，默克尔的就职成为现当代政治升迁中最闪耀的升迁之一，那次与科尔的短暂会面成为对于她刚刚开始的事业而言最强大的推进器。1989 年 11 月 9 日，那个谁也不认识的女科学家更愿意去蒸桑拿而不是跟随正穿越柏林墙的人流，而在那天之后刚过去一年多，从她初次迈着迟疑的步伐踏进政治世界（那时这个世界对她来说完全是陌生的）只有几个月的时间，1991 年 1 月 18 日，安格拉宣誓就职，成为联邦妇女和青年部部长，时年 36 岁。当然，那不是一个非常关键重要的部长职务，她的活动范围也非常有限，但总之，她被大多数人认为是科尔的“创造物”。那个能在两德统一中签署自己名字的男人，比起那些更为人熟知且更专业的人物，他更偏向于她，当时默克尔是内阁最年轻的女政客。在那之前的几个月里，当洛塔尔·德梅齐埃和冈特·克劳泽接近她并且含糊不清地提到她相当感兴趣的一些安排的可能性时，默克尔就已经得到了她在内阁中安置安排的通知。

是的，冈特·克劳泽是一颗真正的星。赫尔穆特·科尔非常看重他，对于"新联邦州"的公民们来说，克劳泽是一位英雄，还有人说他是一个天才。他说话语速很快，有效率，才华横溢，足智多谋。他是梅克伦堡的基民盟的领袖，在德梅齐埃政府时期曾任副国务秘书，在统一的德国政府则任交通部部长之职，当然应该被视为关键重要的人物。他是一个非常优秀的部长，他无所畏惧，每天都向那些傲慢自大的联邦德国人证明，并不是所有的民主德国人都是天真幼稚不谙世事的。克劳泽的升迁也是惊人的。他梦想更高的顶峰，坚信没有什么能够阻挡自己。这个可怜的人，他并不知道不久他就会被打倒，而且在与他相近的人中，有个人大大地利用这个机会。但在当时，只有享受成功，嗅着新德国令人愉悦的空气，似乎在所有人面前都开启了各种可能的远景。

刚开始的时候，克劳泽的命运与默克尔的命运是紧紧相连的。当她还是民主德国最后一届政府的副新闻发言人时，克劳泽曾经非常欣赏她处理与媒体关系的方式。正是克劳泽曾经向她保证，如果她没有被选入联邦议院，她还是会得到一个在联邦内阁的媒体信息部门当内阁顾问的职位。之后也还是克劳泽帮助她进入了议会。克劳泽利用"新联邦州"新政府人员准备不足这一点，在"转折"的混乱中熟练地活动，成功地将默克尔推入了一次竞选，她就以类似于“某位女士”[1]的身份参加了。在多年之后，他说：“也许这是我一生中犯的最大的错误。”克劳泽设法使候选人提名的进程重复，并且安置了默克尔。“当时是如此的不利，因为德梅齐埃一点也不考虑他的内阁成员们在两德统一之后的命运。”据信，当初就是他告诉科尔（科尔当时希望有三个来自民主德国的部长），“照看一下安格拉·默克尔”。

三年之后，克劳泽由于用失业补助津贴雇佣一个女清洁工，以及用国家的资金搬家的事情，不得不辞去交通部部长以及梅克伦堡基民盟主席的职务，这时默克尔消失了。克劳泽处于麻烦之中：他丢掉了政府的职位，他的妻子欠债1500万马克，他在海边的住宅也被查封了。各大报纸纷纷写道，他是一个“悲剧的人物形象”。他的晋升是如此的迅速和闪耀，而他的垮台也是如此的骤然和无情。默克尔在第一时间对他说：

> 你先辞职，这样是最好的。然后我们再看看情况，我来想想办法帮你一把。

可在那之后，克劳泽的这位女性朋友人间蒸发了。他在与伊福林·罗尔（《德国总理：安格拉·默克尔通向权力之路》一书的作者）的谈话中，丝毫不掩饰自己的愤怒和怨恨。罗尔也毫不迟疑地谈及了“厌恶”。她转述了克劳泽的话：

1.“某位女士”是指不知名的突然出现的女人，这里是指之前一直未露头角的默克尔突然参加竞选。——译者注

这位女士曾经有两位赞助者和良师益友。一位是科尔，另一位就是我。而我早应在科尔之前发现，扶养人的那只手到了一定程度就会被咬。不管怎样，当初困难来临的时候，就是她使我出局了，尽管当时 85% 的基民盟的地方协会都希望我能够继续前进。

总之，克劳泽说“好的，我辞职”。但是，不管是在 1995 年他参加罗斯托克的市长竞选，还是在 1998 年他想出现在政界，默克尔都没有帮助他。“她没有帮忙是因为早在 1991 年科尔就说过，朔伊布勒是接班人。如果有一天，由于某些原因，朔伊布勒不能来，那才轮到克劳泽。”而这个是不行的。可以肯定的是，默克尔取代了克劳泽的位置，成为梅克伦堡—前波莫瑞州地区的基民盟领袖。还是在与伊福林·罗尔的谈话中，克劳泽表示，那些年，他与科尔在柏林他们都很喜欢的一家啤酒店多次相遇，两人对安格拉·默克尔的评价绝对一致——那并不是什么好的评价。

让我们退回到两年前。那个“赤色牧师”的女儿就像一列火车一样前进。她看见，呈现在她面前，是“新”德国的一个高位。在与科尔会面之后，默克尔是如此自信，以致在与一个记者的对话中，她表示出对政府职务的渴望，尽管她当时还不知道能得到职务。带着一种引人注目的天真纯洁，她还补充说，有一些方面比如关于家庭和妇女的主题，她一点都不感兴趣。那个记者可能很懒，连只言片语也没有写。对安格拉来说幸好如此，因为后来委托给她的职务就是关于这方面的。

谨慎而精明的科尔，除了密切注意关于东部的事务以外，还十分依靠女性：卫生部部长格尔达·哈斯菲尔德，家庭和老人部部长[1]汉内洛蕾·隆斯，妇女和青年部部长安格拉·默克尔。但在某种意义上，安格拉恰恰是完美的。她不仅是一名女性，不仅来自民主德国，同时她还是一个“新人”。她看起来并没有受到民主德国那段过去的重压，对于一个部长级的职位来说，她还非常年轻，她还带来了一股新鲜的气息，而这也有助于使科尔总理显得像“新人”，以勉力应付那些在几个月之前还都是不可想象的事情，即两德的重新统一。而这两部分直到那个时候都显得如此遥远，不管是在政治、经济、社会还是文化上，都是如此。

对于这个“小女孩”来说，刚开始的时候显然并不容易。所有人都把她看成是总理的附属，要否认这个论断也无所谓。另外，她的活动范围有限，因此可以这么说，她的部门更多的是一个“证据证明”部。然后是波恩和优美的莱茵兰的政府环境——对于科尔来说是“自然的”环境——在安格拉看来是令人厌烦的。关于这一点，她不由自主地说了一句启示性的话：

> 如果说我们曾经在民主德国学到了什么的话，那就是对真诚的第六感。我一直是一个多疑的人，在西方，这一点到现在也有助于我。

但是，这是一种多么深刻的印象：

> 突然之间，我就跟那些我有生以来只在电视上看到

1. 英文是 Minister of Family and Senior Citizens。——译者注

过的人坐在了一张桌子上。

同样典型的还有在最初的几次采访中，她说到基民盟的时候，总是说“他们”而不是“我们”，“他们需要一个像我这样的人。”

她对此非常确定，而事实也证明她是有道理的。一扇扇大门不可思议地开启。不管发生了什么事，科尔总是站在她这边。“如果有一个来自新联邦州的候选人取代德梅齐埃的位置，这是极其重要的”，当涉及选择谁任勃兰登堡的基民盟领袖时，科尔这样说。而德梅齐埃由于被指控与史塔西有一些推测出来的关系，不得不辞去勃兰登堡基民盟领袖之职。

请注意这一系列事情的发生日期以及发展动态。在1991年11月初，经过了一段长时间的不确定阶段之后，默克尔决定上任，同一天，莱纳尔·艾波曼提出撤销自己的候选人资格。11月23日投票，默克尔以67票比121票败北。一个月后，几乎就像一个奖励一样，年轻的默克尔被提名为全国的基民盟副主席候选人，并且获得了总数719张选票中的621票，大获全胜。在总理科尔的政党里，早已有一种普遍意见，就是她是唯一有能力成长到国家级别的来自东部的女政客。在最开始的那几个月里，这种意见的产生是基于科尔的各种帮助。在几次重要的出国访问中，科尔也决定带上她。

默克尔最先是随科尔出访美国。默克尔认识了美国总统老乔治·布什，他的前任罗纳德·威尔逊·里根，甚至还有“史努比”的创造者、伟大的卡通画家查尔斯·舒尔茨。可惜她并不知道舒尔茨是谁，更不知道那只在全世界都深受喜爱的（但在民主德国并不是那么有名）白色小狗史努比。据说在那个年代，还需要给她解释信用卡是怎么用的。这个“小女孩”仍然很难感到舒适自在。显然科尔以其庞大的体型和张扬的个性主导了整个场面，而年轻的女部长则更愿意处在二线。或者这样有些太过了，可以看到科尔的妻子汉内洛尔时不时轻轻地把默克尔推向第一排，作为德国代表团的二级职员，那才是她应该站着的地方。

另一次重要的出访是以色列，这一次没有科尔。不幸的是，这一次出访给了她极少有的情感打击。一开始，当她到达特拉维夫机场的时候，没有一个人欢迎她。或者说是这样：有很多以色列政府的代表和德国的外交官员，没有一个人开溜。德国联邦研究技术部的部长海因茨·里森胡贝尔也在那儿，他是在海外最负盛名的德国政治家之一，于是所有人眼里都只有他，没有别人。当时的场景是，里森胡贝尔站在那儿，大谈与德以双方友谊相关联的经济前景，奥拓·范·葛布雷兹大使非常满意地观察着这一切。安格拉·默克尔站在一边，默不作声，一脸受辱的表情。她很愤怒，因为连大使都一点也没有重视她。没有人在报纸上写这件事。据朗古特所述，当时在场的很多记者看到她爆发出一种真正的愤怒。这种情况后来再也没有发生过，至少没有在公共场合发生过。

这样的事在安格拉·默克尔的职业生涯里总是非常少见的。我们回到之前那个关键的时刻，就是她取得联邦基督教民主联盟副主席的时候。显然，她登上该党尖峰位置也受益于洛塔尔·德梅齐埃的辞职。总的来说，科尔并不为德梅齐埃的辞职而感到惋惜，科尔对他并不是很满意，因为他太有修养，太节制简朴，太不“政治”了。德梅齐埃不久前还是安格拉的“上司”，却不得不辞去勃兰登堡基民盟领袖的职务，也放弃了提名为副总理候选人的资格。关于他被指控的性质（他也是一个“伊姆”，代号是“彻尼尔”），没有人感到特别惊讶。可以确定的是，默克尔是该事件的最大受益者。而在她政治升迁的最初几个月里，他曾经是她最重要的提携者。还可以确定的是，他们的关系立刻急转直下，犹如冰封。还是在1992年，未来的德国总理模棱两可地声称，政界应该重新接纳德梅齐埃。“他被注册为民主德国国家安全部的非官方线人，而他表示对此毫不知情。他们先入为主地判定了他有罪。”这是一种流于表面的辩护，而德梅齐埃很清楚这一点。

事实上两个人之间一直保持着冰封关系。他不信任她，而她也不跟他说话。传记作家朗古特说，2002年，德梅齐埃表示，默克尔在攀向权力顶峰的过程中“改变了”。不仅如此，尽管默克尔与她的现任丈夫约阿希姆·索尔所住的公寓与德梅齐埃曾经的律师事务所[1]在同一栋楼，她也设法做到了从未与他相遇，哪怕是不小心地碰面也没有。他曾经两次请她喝咖啡想言归于好，她也都拒绝了，从来都没有赴约。这位昔日的政治家对她的评价非常严苛，他的描述也几乎是毫不留情：

> 我的印象是，安格拉害怕和所有那些曾经在她的职业生涯中支持过她的或者对她来说曾经非常重要的人接触……她变得像一个西方的女政客。她娱乐消遣，就像那些操控提线木偶的人，如果拉这边的这根线，那边就会有一些东西活动起来。这是权力通过结构的娱乐，但也是权力对人民的娱乐。

1. 德梅齐埃在民主德国解体后成为一名职业律师。——译者注

默克尔

1994年11月，安格拉·默克尔再次宣誓就职，这次她成为环境部部长。“从此之后，她再也不是受束缚的人了”，如今柏林的政界仍然这样说。之后不到三个月的时间，她辞退了副部长克雷蒙斯·斯托曼，不太客气地让他退休了。事实上，斯托曼不仅与前任部长[1]关系极为密切，而且所有人都一致认为他是非常杰出的专家，他在环境学科的能力是毋庸置疑的，即使在对手社会民主党人士的眼中也是如此。几年前，就是斯托曼处理了切尔诺贝利核事故[2]所导致的灾难后果。毫无疑问，他与特普弗尔一起，为确定环境部的战略决策作出了很大的贡献，而如果是和默克尔一起，这似乎是不被认可而且也不可能做到的一件事。另外，斯托曼是一个亲近舞台并且习惯于表达自己想法的人，对自己的部长

1. 克劳斯·特普弗尔在默克尔之前担任环境、自然保护和核能安全部部长。——译者注

2. 切尔诺贝利核事故，或简称“切尔诺贝利事件”，是1986年4月26日发生在乌克兰境内切尔诺贝利核电站的核子反应堆事故，是历史上最严重的核电事故，也是首例被国际核事件分级表评估为第七级事件的特大事故。——译者注

很真诚，他习惯以一种自主、坦率且带有权威性的方式表达自己的想法，但对于一个顽固地追求自身清晰可辨的首要地位的人来说，不管这个人是男人还是女人，这都是无法容忍的。

那些默克尔派的诗人说，这位新上任的女部长也没有尝试与副部长建立某种形式的合作。就这样，1月6日，斯托曼收到了来自上级的辞退通知，这件事也理所当然地在德国政界引起了轰动："无法想象一个没有斯托曼的环境部。"实际上默克尔似乎把科尔推到了既成事实面前。鉴于只有依据内阁的决定才能够将一位副部长免职，她有可能在通知斯托曼之前已经问过了总理。但默克尔已经迈出自己坚定果断的步伐，从伟大的总理那儿开始了自我解放。特普弗尔以及一些社民党人士为斯托曼求情，说"好话"用处不大，或者说更糟，很可能适得其反。朗古特对此评价说："到这个点上，默克尔对权力的本能追求再无疑义了。"

默克尔之后的每一步无不在证实着那种本能。说得好听点，这种本能被定义为一种真正的"政治动物"的本能，而安格拉毫无疑问是"政治动物"；说得不好听一点，这种本能则变成了一种攀上权力阶梯的纯粹冷漠、算计且极度实用主义的技能。

通常，伴随着默克尔的攀登之路，一颗颗"头颅"落地。比方说，那些"加冕的"头颅，还有同志、朋友和前辈们的"头颅"……甚至全都是一些前辈，他们全被"击倒"了。值得注意的是，与这样的战败——一场政治斗争或者一次失败的选举——几乎总是相关的，是那个来自民主德国的姑娘的进一步升迁。1998年，根据沃尔夫冈·朔伊布勒的建议，默克尔成功地当选为基民盟的总书记，几年之后朔伊布勒成为了非常有权力的财政部

前德国财政部长朔伊布勒

部长，恰恰与这位“前民主德国的姑娘”一起引领着政府，但他作为总理候选人已经记不清有多长时间了，却从来没有得到那个位子。在1998年的大选中，基民盟差一点就得到了自1949年以来最差的选举结果（在获得了35.3%的选票之后就止步不前，比起1994年41.5%的结果，那简直就是心头一刀之痛）。那是“科尔时代”的终结，他的时代从1982年开始就一直不间断地持续着，先是在分裂的德国，然后是在统一后的德国。说明一下，基民盟从1973年开始就一直由这个“伟大的莱茵河畔的人”[1]领导。在那之后的代表大会上——那是一次真正的“危机”大会，是一个时代性的武力解决的开始——安格拉向前迈出了引人注目的一大步，担任了在野党的一个关键职务。她继总理和联邦议院的党团主席之后，成为德国基督教民主联盟的总书记。

1.“伟大的莱茵河畔的人”指赫尔穆特·科尔，由于他出生于莱茵河畔路德维希港，且说话带有浓重的莱茵河西岸地方口音，所以称他为“莱茵河畔的人”。——译者注但还需要再一次步步为营。一个大议题早已持续了一段时间，即接替赫尔穆特·科尔。德国重新统一八年之后，科尔本来高大的身材显得十分疲惫。在他周围的策略和诡计越来越多。基于那次极差的选举结果，朔伊布勒将默克尔推到了一个一线职位（谁知道他背后的想法是不是想使她中立），但是对于他自己，这个“在小推车里的男人”[1]（1990年10月12日，在奥珀瑙的一次竞选活动中，一个有严重精神障碍的男子朝他开了三枪，第一发子弹击中了他的下巴，第二发击中了他的脊柱，第三发子弹则被他的保镖挡住了）设想着一种“冲击”：不只要“废黜”科尔，还要开始他自己重获最高席位（也就是总理公署）的征程，当时那个位置由社民党人格哈特·施罗德所占据。多年来朔伊布勒都是成功者，在默克尔当选为总书记的那次党代会上，就是他，面对着泪眼婆娑的科尔，成为该党主席。

但那只是第一步。此后各种策略越来越阴险狡诈，包括报纸上刊登的直接和影射广泛的文章，基民盟值得注意的原则定位，秘密谈判。这个二号人物或许认为，在以科尔为对手的竞赛中，他已经将默克尔拉至旗下，而科尔作为基民盟的名誉主席，仍然扮演着一个太大的角色。从某种意义上来说，朔伊布勒是有道理的，因为默克尔实际上已经准备好了“杀死这个前辈”——这位前总理应该消失在政界。她也说过这一点。在大选之前，她说在基民盟里“那些老男人们”的统治应该被超越，但是这还是一次普遍而没有针对性的发言。尽管朔伊布勒是一个机灵、狡猾和老练的政治家，但他没想到科尔并不是唯一败北的人。他或许认

1. 指朔伊布勒受伤致残后，必须靠轮椅行走。——译者注

为——这是一种强烈的迷惑和欺骗——默克尔是可以被操控和驯服的。他给了科尔最阴险的打击！在一次采访中，这个“纨绔子弟”不怎么委婉地表示，早在几年前，就已经指定了他作为科尔的接班人，这是一个“从政治角度看不怎么灵巧”的选择。他补充说，鉴于“我们来自两个不同的政治年代”，他与那个伟大的莱茵河畔的男人之间，并不是真正的“男人之间的友谊”。

或许这并不仅仅是保持距离，还意味着别的。但是，就像莎士比亚所熟知的那样，故事里还蕴藏着比我们所能想象的还要多的意外，朔伊布勒的地位也将会改变。之后几个星期，将会经历一次突然加速。

不幸加倍。由于基民盟收获了一些行政层面的胜利（包括黑森州、萨尔州、萨克森州和图林根州），而在欧洲的大选甚至也是一种凯旋，以致前一年的选票结果似乎只是一件流程事故而已。然而一次大规模的崩溃开始了。1999 年 11 月 6 日，基民盟“著名的”前司库被逮捕，他被指控曾经为了该党而侵吞了百万马克[1]。随着进一步的揭露，事实逐渐浮现出来，该党的财政完全不是干净体面的。而科尔，这位参与了两德统一的总理，在公众眼里，与此事完全是有牵连的。有人怀疑是否在他的操作下，建立了一个与官方簿记平行的账本。当时的德国一片混乱，德国人的反腐

1.1995 年德国税务调查人员发现，基民盟曾于 1991 年接受军火商卡尔海因茨 · 施赖伯的捐款。1999 年 11 月，德警方发出逮捕基民盟前司库瓦尔特 · 莱斯勒 · 基普的通缉令，因为税务部门在对 1995 年施赖伯捐款案的调查中发现其有逃税嫌疑。基普否认对他的逃税指控，声称那些资金存在秘密托管人的账户上，是用于资助基民盟的政治活动的。——译者注

默克尔与联邦德国前总理赫尔穆特·科尔在一起

调查就像一场雪崩，鲜有人安然无恙地出来。然而，某人从那走出来之后更加强大了，而且强大得多。

那个民主德国昔日的科学家，那颗在基民盟内部冉冉升起的新星，再一次将看似的灾难转变成了自己的优势。经过充分的准备，安格拉要求在基民盟内部进行“清理”，并以这样的形象，出现在公众意见面前，结果给她的上级们增加了更多压力。她想要完全展示自己，而她主要是向他提出这样的要求，那个曾经叫她“小女孩”并且将她提携到最高政治职位的男人：赫尔穆特·科尔。

那种紧张局势几乎无法应付。于是科尔在12月被迫在一次电视采访中坦承他曾经犯了“一些错误”，有高达200万马克的经费被非法纳入了基民盟的钱库。默克尔并没有就此止步。她马上明白了当时的风险，突然变身为权力斗争棋盘上一位出色而令人战栗的战略家。安格拉要求基民盟要“现代化”，基民盟应该变成“欧洲最现代的人民政党”。有报刊开始怀疑她正在准备一次谋杀（当然是指政治上的）：暗杀国王。也许当时还不太明确，哪两个卓越的政治家会成为受害人。

只一步棋，默克尔就成功地“一箭双雕”，完成了令人惊叹的一击。她完完全全地毁掉了朔伊布勒和科尔之间的关系，并且将两人一起降为下级。其手段是她于 1999 年 12 月 22 日在德国最权威的日报《法兰克福汇报》发表一篇署名文章：

> 我们的党应该学会奔跑，应该知道即使没有了自己的战马，也能够与对手进行战斗，就像科尔常常自称的那样。正如在青春期那样，它应该从父系的家庭自我解放，它应该走自己的路。

最后一击是，她断言科尔为了不透露他的非法投资者的姓名而说的那些“以名誉担保的君子之言，将会纳入依法诉讼的进程中，而不是违反法律的进程”。

是的，那是“你也一样”[1]，是布鲁图用匕首刺的一刀。但是关键的一点是——这一点也决定了这一事件的后续发展——前总理科尔认为那篇写给《法兰克福汇报》的文章是由朔伊布勒激起的，他根本没想到是默克尔带头做的这件事，但这恰恰就是事实。现

1. “你也一样”，原文为拉丁语“tu quoque”，是古罗马凯撒大帝临终前对其养子布鲁图所说的话。公元前 44 年 3 月 15 日，凯撒在罗马元老院被谋杀，养子布鲁图趁其不备将匕首刺入了他的胸膛。——译者注

在，显然很难说当时安格拉就已经预见到她昔日的良师益友[1]会认为他的接班人[2]，如果不是那篇“杀手文章”的“启示者”，就是同谋，但总之这是完全合乎情理的。朔伊布勒自己也很吃惊：“我给默克尔女士打了电话，并就她在没有告知我的情况下发表这篇文章的事向她表达了我的惊讶和出乎意料。”

正如人们所知，科尔是一位伟大的战士，他并不服输。他认定朔伊布勒是最大的威胁，于是开始组织了一场针对他昔日接班人的殊死战斗。他为此越来越不顾一切，不让自己的尊严被毁，那是统一的德国总理的尊严，是参与了打开勃兰登堡历史之门的总理的尊严。亲近科尔的那些报刊开始不停地抨击朔伊布勒，而朔伊布勒则在一次电视采访中回击，他声称打给那个背后的投资者卡尔海因茨·施赖伯（他在加拿大被捕）的电话，“非常频繁而且都是从这栋楼里打出去的”，他指的就是基民盟的党部。另外，他还说到了“犯罪成分”、伪证、“阴谋的谣言”。这已经是一场公开的战争了，一场自相残杀的把基民盟拽入自它诞生以来最大危机之中的战争。还有一个关键的连接点。据朗古特说，在《法兰克福汇报》上发表那篇文章的时候，默克尔知道朔伊布勒从施赖伯那儿得到了一笔 10 万马克的“酬金”，当时这还不是一个众所周知的消息。最重要的是，他还不知道她已知道。那位未来的默克尔帝国的超级财政部长、后来的联邦议长，即使当着联邦议院的面，也否认把那些钱收进了腰包，但在 2000 年 1 月 10 日，他还是在德国第一电视频道 ARD 的一次采访中承认了这个事实。

1. 此处的良师益友是指科尔。—— 译者注
2. 接班人是指朔伊布勒。—— 译者注

正如大部分人所猜想的那样，这其实是那位总书记所设的一个陷阱吗？这就是一个堪比李尔王的宫廷阴谋。朗古特写道，那篇著名的反科尔的文章“进入了历史”，它造成的后果是：

> 战争中的这两位先生被引到了如此愤怒的程度，以致在互相拉扯下台的企图中，他们一起被彼此拽了下去，因为他们就像是被同一条脐带系着的两个人。

科尔如今已经出局，而朔伊布勒则不得不承认他至少见过那个“说客”施赖伯一次，默克尔则头脑非常清晰地继续进行她的博弈。她认为，正是她——这是默克尔在基民盟内部以及向公众传达的信息——是唯一一个可以让基民盟重新开始的人。用意大利人的话来说，她是那些基督教民主恐龙的“终结者”，她表现出自己没有以任何方式被“科尔体系”恶化。尽管在她最初的政治生涯阶段，她是被那位令人肃然起敬的总理“发现”和培养的，即使她已经两次担任部长且迅速到达了基民盟的顶峰，她还是用所有手段来以“新人”的身份呈现自己。2000 年 2 月 16 日，朔伊布勒别无选择地辞去了基民盟的领导职务以及议院党团领导的职务。基层开始喧闹着为安格拉捧场：她将是基民盟的未来。对那个曾经的“小女孩”来说，没有什么不利的了。

第五章

CHAPTER 05

亲爱的欧罗巴

在默克尔的世界，一切都是和谐的模糊不清，

最好不要把自己过分地与一个或者另一个选择在表面上相关联，

这样，选民们就永远不会当面责备你。

这位德国总理，她愤怒了。一种奇怪的愤怒。通常她是非常镇静的，在那种情况下她也会恼火，事实上她正在宣布一项预计不会上诉的判决。如果她当一个家庭主妇一定是非常能干的（她从来都不是家庭主妇），严厉而有母性（她从来没有做过母亲），显然用德国人的话形容就是：沉稳、有条不紊、简洁说教、讲规矩。一般情况下，她都温柔地使用那些德国中间阶层的选民喜欢的表达方式：做家庭作业是必须的；当有债务要偿还的时候就应该节省；欧元是我们共同的前景，每个人都应该加入且分一杯羹；所有账目都应该理清楚。这些都是极度简单的话语、非常基础的概念，任何一个人都可以理解。这似乎就是情理的巅峰。可言外之意略带专横，暗指了其他人（相对于勤劳的德国人）自不量力，其语气有明显的命令味道。

到这里，标准和习惯都是如此，但是这一次不同既往。“欧洲正在失去耐心”，2013 年 3 月底的一个星期五早上，这位德国总理带着不常有的严厉向她的议员们疾呼，当时塞浦路斯的危机似乎再一次撼动着所有欧洲可靠性的根基，这也提醒着我们“大危机”根本没有被克服。希腊人越来越绝望（对很多事都漠不关心），现在塞浦路斯人也处在风暴的中心，而资金像精神分裂一样来回地在火山边缘摇晃摆动了无数次。那天早上，所有人都看到了那个被福布斯排行榜视为世界最强女性的惊慌失措。《明镜》周刊在一篇题为《铁心总理的回归》的文章中评论道："众议员们已经有很长一段时间不曾见过她这样了。""选举失利，联盟破裂，欧元危机，发生任何事情，通常安格拉·默克尔总是言语谨慎而克制。然而如今在塞浦路斯周围正在上演的戏剧性事件毫无疑问地撼动了基民盟主席的神经，而她在正常情况下总是那般冷静和自制。"

在几天的沉默之后，由尼科西亚政府提出的拯救这个岛屿的方案，在默克尔看来是"不可接受的"，因为她知道塞浦路斯一直以来都得到"三驾马车"（欧洲中央银行、欧盟和国际货币基金组织）的支持和帮助[1]，至少表面上是这样的。"当然，我不希望它倒台"，她说。但这一次，德国总理并没有排除塞浦路斯破产的可能性。她没有明说，但让大家都明白了这一点。总之，她以不曾有过的威胁（对希腊人也没有这样威胁过）来恫吓：将塞浦路斯逐出欧元区！令人恼火的不是欧元区内部"统治效力"的威胁无数次探出头来，因为她也每次都发誓说绝对想要避开。让她绝对不能忍受的是尼科西亚政府官员们连续几天默不作声。在柏林，有人甚至说那是一种"政治的我向思维"。默克尔则咆哮道："这么多天，既没有与欧盟，也没有与'三驾马车'的另外两方有任何联系。"

1.2012 年 6 月，塞浦路斯受希腊债务减记影响陷入财政危机，不得不向欧盟申请救助。2013 年 3 月 25 日，塞与"三驾马车"达成 100 亿欧元救助的原则性协议，条件是对境内第一、第二大银行超过 10 万欧元以上的存款进行重组。——译者注

默克尔

在基民盟的国会议员中，没有一个人认为有必要提醒，在德国，强制性地水平提取所有银行存款的想法已经产生了。让人“无法接受”的是，尼科西亚拒绝了那个方案（该方案已经在塞浦路斯造成了恐慌，市场混乱，银行自动取款机前也排起了长队），自己单独设计了一个方案，那就是筹集 58 亿欧元的资金（相当于德国各银行在塞浦路斯的信贷总额）。在尼科西亚的提案中，什么都有了。这是一个“团结基金”，其中汇入了国有资产，并与开采利用天然气资源将带来的利润相关联，甚至东正教会以及公民的捐款（以什么样的形式并不清楚）也包括在内，一个“劣质银行”的诞生在当前处在了气旋的中心，它集中了塞浦路斯主要银行，即莱基（Laiki）银行（塞浦路斯大众银行）的变质信贷。

柏林方面认为这是一种装腔作势。就像其他的地中海沿岸人民一样，塞浦路斯人在德国人的眼里是不可“信赖”的。这古老

默克尔愤怒了

大陆[1]上的南方人，不明白每一个词都是一块石头，因此每次都需要采取戏剧性的方式，就像终点摄影计时[2]和最后通牒，世界末日迫近，在千钧一发之际的拯救。这是一种已经写就的悲剧，在悲剧里，似乎各部分都僵化在同样的角色里，并且媒体对于群众绝望情绪的报道也非常萧瑟。游行示威此起彼伏，警察神经紧张，默克尔的牌子上写着“希特勒化的”，这一切都已经出现过了。

基民盟议会领袖沃尔克·考德尔说：“塞浦路斯人在玩

1. 此处的古老大陆指欧洲。——译者注

2. 终点通过摄影计时，指田径比赛中在终点通过摄影计时来判断运动员到达终点的先后顺序。——译者注火。”“他们将玩火自焚”，基民盟的其他众议员补充道。在这些论题散布出去的同时，该剧本并没有特别的变化。“当然我们希望塞浦路斯能够留在欧元区”，默克尔铁青着脸，对德国自由民主党的同僚们说。但是尼科西亚正在“以一种前所未见的方式”兜圈子搪塞，其新口号是“用团结代替稳定”，听起来更左一些。显然，塞浦路斯政府应该使自己有能力“进行必要的改革”，麻烦的是俄罗斯人也来掺和，让整个局面变得更加复杂了。很多俄罗斯人都在塞浦路斯的银行账户里有存款，其目的是不可告人的。就这样，普京也决定在这错综复杂的混乱中插上一手，但没有成功。

默克尔除了凶狠地提高嗓门以外无路可走了，混乱的扩大和增加以一种似乎关联的条件反射方式继续进行。柏林方面坚称不接受任何“B 计划”。基民盟（在考德尔的倡导下）把向尼科西亚提出的种种条件付诸投票表决，以使联邦议院能为德国给欧洲中央银行以及国际货币基金组织的帮助开绿灯。这件事相当令人困惑：“从来没有见过一个国家的政党向另一个国家的政府提出自己的条件”，比如保罗·索尔蒂尼在《团结报》[1]上这样写道，他是一个非常犀利尖锐的德国及欧洲时事观察员。

就像发生在希腊、葡萄牙和西班牙的危机那样，形势发展总是伴随着无法避免的短路进而造成轰动，但这一次还要严重。人们不禁要问，难道默克尔和财政部部长沃尔夫冈·朔伊布勒——她的亲密对手，他被认为是强行提现背后真正的幕后力量——没有预料这种对公民储蓄的暴力入侵将会造成一种毁灭性的后果

1.《团结报》（*l'Unità*）于 1924 年 2 月 12 日由安东尼奥·葛兰西创办。——译者注

么？在某种程度上，这难道不明显是这令人屈辱的提案的权势象征么？由于一个从他们脑袋上一飞而过的财政管理措施，各银行却偏移方向像疯了一样地扩容（塞浦路斯各银行的存款总额差不多是其国内生产总值的 4 倍），让公民们对此负责，这可能么？而这个经济最多占整个欧元区经济总量 25% 的国家[1]，怎么能够威胁到欧洲整个经济支柱呢？

这些问题没有答案，而且激起了极大的愤怒，同时也令人更加阴郁悲伤，或许，还更加危险。然而默克尔一直维护强行提现的想法到最后，尽管她也知道即使是在德国，那些小储户也会突然感到处于危险之中了：一旦这样的方针[2]通过，尽管是在一个像塞浦路斯那样遥远的小国家实施，但谁敢说那不会像病毒一样蔓延到我们这里呢？

“安吉”，自从安格拉获得世界权力棋盘的主人翁地位之后人们就这样称呼她，她企图重新找回自己惯常的步伐，那个能干的家庭主妇的步伐。她说现在需要“情绪上的理智”，但是这一次就比较难了。她不仅要忍受那些游行示威者高举着画着她被希特勒的胡子“装饰过的”大脸的丑陋牌子，还要处理日益增长的国际怀疑论。欧洲大部分媒体写道，在塞浦路斯方面“欧洲犯了一个巨大的错误”。在塞浦路斯的希腊报纸 *O Phileleftheros* 上还偶然能读到：

---

1. 此处指德国，事实上根据各方数据显示，德国经济占欧元区经济总量 30% 左右。——译者注

2. 这样的方针，是指塞浦路斯于 2013 年 3 月与欧元集团达成的总额为 100 亿欧元的救助协议，该协议中规定了“存款税”。——译者注

我们有种感觉，就是他们把我们当成了傻瓜。就像每一个这个国家的公民一样，我是一个骗局的受害者。一方面，我必须喝下这碗塞浦路斯政府给我们准备的菜汤；另一方面，我必须被动地接受我们的欧洲伙伴的“政治游戏”。

西班牙的《世界报》也火上浇油：

欧元的新危机并不是塞浦路斯人的错，而是安格拉·默克尔及其政府的错。

西班牙《国家报》的埋头进攻如此刻毒辛辣，以致这家与伊比利亚的社会主义人士亲近的日报不得不匆忙草率地向后撤退。在它的页面，安达卢西亚的经济学家胡安·托雷斯·洛佩兹在一篇题为《反欧洲的德国》的评论文章中，甚至这样写道，默克尔“就像希特勒一样，向这块大陆上的其他部分宣战，这一次是为了保证它的（德国的）生死攸关的经济空间”。西班牙《国家报》不得不抽风似的从它的网站上撤下这一段，换成一篇解释这次“删减”原因的文章：与希特勒[1]所作的对比可能会得到愤怒的游行示威者的宽容，但是不会得到一家欧洲权威日报的同意。

不仅仅是媒体言行放肆，欧洲的不满情绪日益增长，人们带着越来越明显的愤怒忍受着德国的霸权。据路透社揭露，由于越来越无法忍受德国的严厉刻板，欧元集团将会发起一次针对朔伊

1. 此处的对比，是指将默克尔与希特勒相比较。——译者注

布勒的真正的起义。不仅如此，在布鲁塞尔有一种说法已经流传了一段时间，那就是默克尔及其部长的这条顽固冷酷的战线甚至会引发“三驾马车”内部的断裂，欧洲中央银行和国际货币基金组织将倾向于商讨一些解决办法，这些办法排除了强行提现的形式。据说默克尔战线已经成为了17个欧元国家中的少数派，一种无法容忍的焦躁正在地中海沿岸各国蔓延。财政紧缩的教条再也不是碰不得的禁忌：先是西班牙成功地与布鲁塞尔协商，多争取了两年时间从赤字中恢复过来，然后是意大利的莱塔政府，还有其他的越来越“权威的”欧洲声音和大经济学家的发声，舆论压力也日益加大。德国面临被孤立的风险越来越大。另外，默克尔并不确定她是否能在联邦议院成功通过“塞浦路斯一揽子计划”，因为在联邦议院也有反对派，他们由自由人士、基督社会主义人士以及基民盟一些党内人士组成。据熟悉柏林事务的“局内人”说，面对如此困境，这位德国总理喷发了无法抑制的怒火。

可以明确的是，错误并非产生于2013年3月，而是一个个交织在一起的。很多观察员都一致认为，塞浦路斯的危机是几年来殷勤讨好、默许纵容和粗心大意的结果。在2008年，当这个岛国加入欧元区的时候，柏林和布鲁塞尔方面都非常清楚，当时塞浦路斯的经济因来源可疑的资金而膨胀。塞浦路斯似乎是“税收的天堂”，是资本的灵丹妙药，尤其是俄罗斯的资本，而且这些资本不需要很干净，他们对这一切都睁一只眼闭一只眼。2012年上半年，在担任欧盟轮值主席国之前，尼科西亚就发出了SOS紧急救援信号。在那时根据一些估算，三四十亿欧元就足够了，然而在2013年3月16日黎明完成的预算增加到100亿欧元，并且还加上了那著名的存款税[1]，以筹得58亿欧元的资金。最后是存款低于10万欧元的账户被保全下来，但是超过这一金额的20%就被“掠夺了”——许多人都这样说，莫斯科则说这是“偷盗”。对于塞浦路斯人来说，更简单，这就是一次抢劫。塞浦路斯人说，由于一些跟我的日常生活、我的选择以及我的责任完全没有关系的原因，一个遥远而抽象的权力当局从我这儿抢走了积蓄。

现在再也不是萨科齐—贝卢斯科尼（附属的）轴心的时代了（自从不在政府后，贝卢斯科尼除了跟德国和欧洲对着吵闹以外，时刻准备着为了“美好时代”而签署所有东西）。并非所有一切都像这位德国总理喜欢的那样是线性的。塞浦路斯的危机是很典型的，揭示了默克尔在这一阶段对国际共同体尤其是对欧洲危机的态度。默克尔面临麻烦。对于财政紧缩的执念，严厉的口头禅，对其他国家的议论充耳不闻，对人们的不满和需要漠不关心，似乎也并不是什么高端的战略谋划。大体上，评论员都说安格拉根本就没有“欧洲视角”。面对无数的论题，从环境和核问题一直到同性恋婚姻，这位德国总理展示出了一种可疑的“韧性”，而在欧洲问题上，默克尔派的视野多年来显得极其狭隘。在塞浦路斯危机一片混乱的那几天里，意大利《晚邮报》上的一篇文章再次将装着“安吉”牌照的德国与大萧条时期的美国相比，“它是主要的债权国，它也曾受到客户经济衰退的冲击，它曾将贸易顺差的果实借给这些客户，这样就可以不断向他们出售新的商品，但是决

1.2013年3月16日，欧元区领导人和国际货币基金组织（IMF）同意向塞浦路斯发放100亿欧元贷款。而救助协议规定，作为交换，塞浦路斯银行储户要根据存款数额支付一次性税收，10万欧元以上存款的税率为9.9%，10万欧元以下存款的税率为6.75%。根据协议，塞浦路斯政府将从中获得58亿欧元资金。——译者注

意不对他们负责”。总之，这个联邦共和国并不是“一个高瞻远瞩的盟主”，它向这场悲剧的所有演员重复同样的信息：“不管是现在还是将来，任何人请求财政帮助都要把自身的一部分财产押作赌注。”所谓的左派评论领袖、绿党人士丹尼尔·科恩–本迪[1]说得更加明确：联邦政府就塞浦路斯作出的决定是“荒谬而不可理喻的”。“赤色丹尼”说，“默克尔女士给人一种想要而且必须要拯救欧洲的印象，但是要以尽可能小的代价”。“事实上，德国意图拯救欧洲的政策正在瓦解欧洲。”“默克尔女士并不明白，那些巩固她在德国名望的东西，呈现出了一种削弱欧洲并且丑化德国在欧洲的形象的性质……就这样那些损害欧洲建设的行为和错误选择发展壮大起来。”可能科恩–本迪不能够把这个说得更明白些。

默克尔的说法听起来非常不一样。2013 年 3 月 25 日，她在朗根费尔德参观多尔福林德多代住房（Casa multigenerazionale Dorflinde）时发表演讲：

> 女士们、先生们，我非常高兴和满意，因为昨天夜里我们成功地为塞浦路斯找到了解决办法，防止该国无清偿能力。
>
> 我相信我们得以公平公正地分配了负担。一方面，银行应该担负起自己的责任。这一点是我们一直强调的。我们不希望让纳税人去拯救银行，而是让银行自我拯救，

1. 本迪曾是 1968 年 5 月法国“五月风暴”的领袖，因此也被人们称为法国出生的德国政治家。——译者注

> 对于塞浦路斯也将是这样。另一方面，塞浦路斯可以依靠欧洲各国的团结，在未来几年里各国将为这个困难时段的维持提供保障，但内政措施自然也是有必要的，比如私有化，比如结构改革，比如提高塞浦路斯至今都还非常非常低的税率。这是我们欧洲拯救政策的实质，是我们欧洲内聚政策的实质。一方面是束缚，这是为了将来不再重复这些消极的演化，另一方面则是团结。关于塞浦路斯，我仍然想再一次澄清：我们并不向银行及其客户要求过分的努力，对于那些存款在10万欧元以下的账户持有者，担保进程将加速，这继续有效。这意味着那些数额在10万欧元以下的存款绝对不处于危险之中，而是很安全的。恰恰是这样，我们还要向塞浦路斯的所有公民们表明，在我们的帮助下，在我们100亿欧元的担保下，我们与世界是团结一致的。因此国际货币基金组织和欧洲的纳税人们正在帮助塞浦路斯找到一条新的有保证的出路。这一点不应该被忽视和忘记。因此我相信，我们得到的是正确的结果。它使得那些促成这些消极演化的人也担负起责任。就应该是这样。

在这里，塞浦路斯的欧洲公民是享受服务的，但没有人相信她。欧元集团主席杰洛·戴松布伦也参与进来，他声明，“塞浦路斯方法”在将来可能会在其他“延期付款”的国家实施。这显然引发了一场混乱。在那之后，最后的嘲讽是：当欧洲终于批准救助计划时，尼科西亚发现账目需要重算。塞浦路斯应该“为自我拯救作出贡献”，不仅仅需要70亿欧元，而是差不多要130亿。

怎么办呢？没有人知道。

总之，根据一部分德国媒体的观点，在塞浦路斯发生的是一件极其恶劣的事件，且默克尔并没有安然无恙地从中走出来。雅各布·奥格斯坦在《明镜》周刊上写道，“德国人证明了他们的能力”，他们坚持自己的原则，这些原则显然是建立在“罪与罚”（实际上应该是“错与罚”，这是陀思妥耶夫斯基代表作最初的书名）的模型上，但是他们凌驾于普通公民的生命之上做着这件事。奥格斯坦对此事件的评论（那一段的题目是《固执，渴望权力，自私自利》）非常犀利：“一些没有责任感的银行家将那些富人的不干净的循环资金玩弄于股掌，而政客们则尽可能以最佳的方式帮助他们自救，但是他们是以普通民众为代价来做这样的事，这些人既没有权势也没有途经确保自己安全，而这一切都在德国的霸权之下发生了。”

奥格斯坦补充道：“默克尔的一体化想法是欧洲应该屈服于德国的政策。”要注意，这并不是西班牙《国家报》写的，而是联邦德国的一家非常权威的报纸写的。这是一场绝不平庸的争辩，并且后面我们还会看到其他德国评论家的论辩。默克尔与所有西方德国的传统决裂，在她的领导下民族国家的欧洲复活了，而这是为了迎合一部分以“一种民族自私性的视角”来定位的德国公众意见，就像前西德总理、社会民主党人赫尔穆特·施密特强调指出的一样（“一个经历了如同他本人一样的战争的男人，不会轻率地使用民族自私性这个表达”，《明镜》评注说）。总之，围绕欧元的战争越来越表现为与德国霸权的冲突。“这看上去是经济，但其实是政治权力的问题。德国人用债务的锁链将其他欧洲民族捆绑在一起。”如果可能的话，奥格斯坦的结论还会更加明确清晰：

“到现在，德国人不仅为危机付了钱，还从危机中赚取了收益。仅仅是去年，就赚取了 100 亿欧元的利息……这就是欧元危机的现实：雅典的穷人们向德国的富翁付款。”

到这里最好是退一步回到过去。史蒂芬·科内柳斯在《安格拉·默克尔——德国总理和她的世界》那本书里揭露过一段故事。

那是 2011 年，快要入夏了，天气开始热起来。默克尔不知道怎么面对这个大危机。她作为一个能干的物理学家，想要一个公式，想要一个“答复”，她要求同僚们想出来点什么。假期之后，那个公式来了，就写在一张 A4 纸上。向她提交那张纸的是她的欧洲事务顾问，尼古拉斯·迈尔-兰德鲁特。在这张纸上，欧洲的危机化为屈指可数的几条线和一些圆环。这是一幅被一条纵轴和一条横轴分开的示意图。在上方，记录着那些不那么让人焦虑

默克尔

的政治议题；下方则是那些被认为是重要关键的问题；在右上方，在欧盟的一侧，是国内市场、司法、环境等；在左侧则标出了那些民族国家，显然那儿满是痛苦：工作、国税、行政、福利。把这张示意图翻译一下就是，如果不能掌控那些导致民族国家危机的因素，就不能在欧元危机中占上风。其选择是明确的：要么是欧盟的最大社会化，逐渐将决定性的权力转移至布鲁塞尔，将涉及经济、税收和社会方面的主权转让给欧盟机构；要么是建立一种新的“平行联盟”，一个“挨着联盟的”联盟，这是民族国家的回归，每个国家都有自己的政治分量。显然第一种选择更合逻辑。在该示意图中，起作用的那些因素非常突出，而且也正因为此，欧盟才有能力胜任，而涉及民族国家的那些因素则处于不稳定的状态。因此，把权力轴心向布鲁塞尔转移才应该是明智的。默克尔仔细观察了那张图纸，然后作了一个相反的决定：她倾向第二种选择。已经受够了集体方法的教条，是时候该有一个各民族之间的新协议了。如果不是像《财政契约》或者类似的那种形式，那么就不算白纸黑字，但是这实际上已经坚如磐石，无以更改。如果有谁不接受，或者不能接受，那也没关系。事后看来，其动机是很明显的。在这种方案下，指挥棒就在柏林了，因为这个方案完全就是当下欧洲权力棋盘的写照。

科内柳斯（在默克尔还是“民主觉醒”的新闻发言人时就认识她了）断言，这位德国总理不会把那张 A4 纸像名言警句一样展示，她更喜欢“用团结代替稳定”和“一步一步来”这样简单的标语。最好向德国选民传播乐观、积极和平静，最好不要传达过多的抽象问题，不要公开地表示过于明确的选择。在默克尔的世界，一切都是和谐的模糊一团，最好不要把自己过分地与一个或者另一个选择在表面上相关联，这样，选民们就永远不会当面责备你。而这个方案是绝对团结一致的，且直到现在也没有遭到有意义的反击。

从场上的势力关系来看，塞浦路斯案可以视为默克尔的胜利，尤其是在一个大选年。专栏作家沃尔夫冈·明肖指出："结果一如既往地几乎是德国全胜。除了一些技术上的修改，几乎协议的每一个字母都与国际货币基金组织和德国提出的方案一样……这位德国总理证明了她的铁腕，她帮助消除了塞浦路斯银行系统将面临的一半的缩减，她在俄罗斯人的胫骨上踹了一脚，她证明了欧洲其他民族对德国毫无抵抗力。在一个大选年，她不能做得比这更好了。"

随着时间的推移，这所有一切的意义是什么呢？默克尔瞄准的目标是什么呢？

第六章

CHAPTER 06

鲍曼小姐和索尔先生

在安格拉·默克尔的人生里，
有两个人对她来说是真正有决定性意义的，
即贝亚特·鲍曼小姐和约阿希姆·索尔先生。

那位未来的德国总理快要哭出来了，不管是身体上还是精神上，她都已经到了自己力量的极限。夜已经深了，谈判进行了一个又一个小时。她快顶不住了，她想把所有的一切都扔向空中。她筋疲力尽。她还很年轻，期望又非常高。首脑会议有失败的风险，这压力几乎是无法承受的。只有一个人意识到了正要发生的一切，她就是贝亚特·鲍曼。有人说她是安格拉最亲密的同事，是安格拉的另一个自我，是她“内心的声音”，是她内心的一面镜子。

默克尔从妇女青年部起就把鲍曼带在身边，把她带到波恩的阿登纳国会厅（基民盟书记总部），带到总理公署。现在我们回到 1995 年，在柏林的首脑会议期间，那是当时那位联邦环境部部长[1]第一个真正意义上的国际舞台。当时鲍曼只有 32 岁，默克尔 41 岁。突然，鲍曼提高了音量，向默克尔咆哮道：“现在赶紧给个规定吧！”德国代表团惊动了，国外各方的反应也可想而知。

---

1. 联邦环境部部长即安格拉·默克尔，她于 1994 年至 1998 年任联邦环境、自然保护和核能安全部部长。——译者注

但是这起作用了，几个小时之后，对于那个当时还被视为赫尔穆特·科尔的“小女孩”的女人，那次会议促成了她的成功。

在安格拉·默克尔的人生里，有两个人对她来说是真正有决定性意义的，即贝亚特·鲍曼小姐和约阿希姆·索尔先生。前者是联邦总理公署办公室主任，后者是默克尔的现任丈夫。在德国，贝亚特·鲍曼几乎鲜为人知。她回避舞台，没有人转向她走过的路，她不接受采访，也没有人知道关于她私生活的任何事情。广大公众忽略了她是谁。然而，知道柏林重要事情的人，不会怀疑，贝亚特·鲍曼是“德国第二强权的女人”。部长、官员、党团领袖和主要政党的书记都敬重她，包括总理府的其他同事也是如此。国际对话者们也非常尊敬她，她知道怎样成为一个极度可信赖的一方，并且能够提供综合性的政治分析。也许除了默克尔的丈夫以外，她是默克尔最值得信赖倚重的人。

在德国媒体发表的关于鲍曼极少的文章中，《明镜》周刊上的一篇文章讲述道：“在谈话中，她几次意指‘默克尔’时都说的是‘我’，然后她迅速改正为‘我，默克尔’。这听起来可能像是一种自负，但也许恰恰相反，这是对‘我’的放弃，以使她可以完全服务于另一个‘我’[1]。”这是两个人真正的重叠——该周刊大胆断言——在这重叠中默克尔并非总是主导的因素。鲍曼是能够直通默克尔内心的极少数的渠道之一。

与她们都走得很近的人说，这两个女人不需要通过交谈来理解彼此，只需要一个眼神就够了。“她们俩心有灵犀”，这是在柏

1.“另一个我”是指安格拉·默克尔。——译者注

林最常见的评论。鲍曼于1963年出生在奥斯纳布吕克，曾在明斯特学习，并在剑桥大学学习过一年。她本想成为一名德语和英语教师，但是政治改变了一切。是克里斯蒂安·武尔夫——多年后他在默克尔总理的“推举”下成为了德国总统，之后因为一个在意大利人看来是个笑话的小丑闻而被迫辞职[1]——在1992年，把她举荐给了默克尔。默克尔在基民盟代行科尔的职务，她的办公室里需要一个助手，这是她的前任所不曾有的特权，而默克尔得到了。刚开始她们之间是一种持续了六个月的工作关系，但是鲍曼的职业生涯从那些年起，就与默克尔的职业生涯平行了。1993年在默克尔的提议下，鲍曼成为她的个人顾问。1995年，彼得·罗思根担任了环境部办公室主任。同样，当安格拉成为基民盟的领袖继而成为总理的时候也是如此。

实际上，鲍曼是普遍认为的“大人物的秘密顾问”的佼佼者。传记作家朗古特写道：“那些主要的政治战略问题，那位德国总理会与鲍曼讨论，而不是和其他人。”她是不可替代的、特定的、精确的，是“在权力不可见的那一端的女人”，记者拉尔夫·诺克希利说，“难以想象没有贝亚特·鲍曼在身边的安格拉·默克尔的政治生涯”。

从传出来的很少的几张照片看，可以说在某种意义上，鲍曼就是默克尔的复制品。如今也许比20年前更像这么回事。只是鲍曼稍微娇小一些，头发的颜色很深。她像她的上司一样保守低

---

1. 武尔夫于2010年7月1日当选为德国总统，成为德国历史上最年轻的总统。2012年2月17日，武尔夫由于被指接受商人好处（低息私人信贷等）而辞职，他说，作为总统需要得到广大民众的信任，但过去几天和几周的发展表明，“这种信任受到了损害”。——译者注

调。她不化妆，就连彰显默克尔个性的那么一点的妆容，她也没有。她穿外套和长裤，平跟鞋，不喜欢佩戴首饰和任何外在的东西。她的办公室和总理的办公室在同一层楼，透露出一种严肃。她的写字台上没有放一张照片，没有纪念物，连一个小摆设都没有，桌上最多有一个孤零零的插着一些花朵的花瓶。“听不见脚步声，听不见砰砰的关门声。只是偶尔能从其中的一个房间听到电话铃声或者键盘打字的声音”，《明镜》周刊这样讲述。一般情况下门都是敞开的，从一个办公室到另一个办公室也只有几步之遥。对于这两个女人来说，彼此相近是很重要的，要马上能走到的那种距离。

毫无疑问，贝亚特·鲍曼是一个性格生硬脸皮厚的人。尽管她没有祭服和巴洛克风格的魅力，她仍然被视为柏林的黎塞留[1]。人们还称她为“默克尔的影子”“舞台上的幽灵”“女版拉斯普京[2]”“凶恶的看门人”。甚至有人说她是“木偶戏剧场里演木偶戏的人”。伊福林·罗尔评论道：“全是傻话，但又全都有那么一点真实。”另一个“默克尔学家”女作家玛格丽特·赫克尔补充说：“如果她心情好的话，这些描述都让她觉得好笑。”

在总理府谁说了算，鲍曼在2005年上任就职后的几天就让大家明白了这一点。总理府的头儿（后来是国防部部长，最后是内

---

1. 阿尔芒·让·迪普莱西·德·黎塞留，法王路易十三的宰相，枢机主教。他在法国政务决策中具有主导性的影响力，特别是三十年战争时，他通过一系列的外交努力，为法国获得了相当大的利益。——译者注

2. 拉斯普京即格里高利·叶菲莫维奇·拉斯普京，俄国尼古拉二世时的神秘主义者，俄国沙皇及皇后的宠臣。——译者注

政部部长）托马斯·德梅齐埃认为他才是政治战略的负责人，那简直大错特错了。“她很快就让他明白了这一点”，诺克希利说。鲍曼知道怎样强硬和尖锐。沃尔克·考德尔最后也辞去了该党总书记的职位（后来他长期是基民盟/基社盟在联邦议院的党团领袖），“也是因为他再也不想让鲍曼来替自己说在竞选运动中应该选择哪些宣言布告了”。她对基民盟的领袖们的回答就像她是罗田麦尔小姐[1]，她以德国总理之名所说的“不”人所共知，并且就像法律一样被接受。

就连默克尔，对于贝亚特·鲍曼的突然发怒也并不是免疫的。在一次总理府的会议中，默克尔听到一声训斥：“您怎么能说出这样的话！”全场鸦雀无声。默克尔没有反驳，接受了这个责备。

有些时候她们两人也会吵架，互相嚷嚷。安格拉和贝亚特已经认识了快三十年。她们一起完善了一种思考模式，一种与外界沟通的方式，一种说话的方式。这个经常被视为联邦总理公署推进器的女人，她的主要任务是确定总理的“色调”。现在我们在说的是一个进一步的战略问题，即安格拉·默克尔的公共形象，这个形象尤其包括了象征性的行为姿态。不仅仅是那些发言（几乎所有发言都出自鲍曼之手，尤其是那些重要的发言），还有那些众所周知的总理的外表形象（颜色不同的外套和不鲜艳的裤子），或者是那绝非偶然的经常沉默，或者是接受全世界重要媒体大型采访的安排，或者是确定那些日复一日的可能有益于或有害于总理

1. 罗田麦尔小姐是根据瑞士作家约翰娜·施皮里发表的德文小说《海蒂》改编的动画片中的女管家的角色。——译者注

的事情。

不，“色调”还意味着更多的东西，那就是通过坚定的政治选择，在德国境内和世界沟通的能力。考虑到鲍曼女士所热衷的就是国际政治，这件事在某种程度上也有了一些全球化的特征。

比如，邀请达赖喇嘛去总理府的事情。默克尔和她的顾问以及最紧密的同僚们都在热烈地讨论这个问题。国际政治专家持反对意见，他们说，建议不要激怒北京方面。德国与中国的关系非常微妙，涉及非常大的利益问题。贝亚特·鲍曼插了进来：总理可以借此机会表明自己对于人权问题有多么敏感和关心。默克尔同意了她的观点。国际政治的顾问们不说话了，而达赖喇嘛将在总理府受到接待。“很难说与中国的关系是否因此受到了损害。鲍曼将世界政策定义在以总理的利益为基础的原则上”，《明镜》周刊记述道。

还有一件事。贝拉克·奥巴马当时还是美国总统候选人，安格拉经常重申她非常喜欢美国。这位来自芝加哥的参议员有一个绝妙的点子：他需要测一下自己的候选人资格有多少“国际”含金量，他清楚地知道这将是他通往白宫之路非常有特色的一笔。奥巴马通过一些渠道让德国总理府各办公室知道，他想在勃兰登堡之门发表一次史诗一般的演讲，因为他对那个地方的背景布置及戏剧性的潜力有完美的认知。勃兰登堡之门曾两次作为世界一分为二的象征，也两次象征了重新找回来的自由。尽管从来没有和奥巴马的竞选团队正式地确认这个要求，在德国还是引发了接连好几天的激烈讨论。整个大联盟分成两派：德国外长（后来的德国联邦总统）、社会民主党人施泰因迈尔，他非常热情，认为要加强与美国兄弟般的关系，没有比这更好的机会了；但是默克尔说了一句冷淡的干巴巴的“不”。这位女总理还生硬地回复，她让他的随从人员转达说，在德国最富有历史意义的地方举行另一个国家候选人的选举集会，这不庄严也不合适，甚至是一种滥用。最后的结果是奥巴马让步了，他满意地在凯旋柱发表了自己的演说。很多人都认为默克尔的无礼是美国总统长期对德国总理府保持冷淡的原因之一（除了多年后，在全球不稳定的风口浪尖，请她重新参选），但这显然是推测罢了。不管怎样，柏林事务的“局内人”都认为，这个决定如果不是由鲍曼决定的，也是由她调节处理的。这个决定像是她的风格。

几年前（1999 年），默克尔还是基民盟总书记时，就是与她关系最紧密的鲍曼构思并且制定了将伴随基民盟取得黑森州竞选胜利的标语：“在生活的中心。”那是基民盟第一次没有求助于广告商，这样他们也省下了一大笔钱。正是她，鲍曼小姐，不能忍受之前竞选宣传的主打标语：“我们点燃了挑战。”

显然，鲍曼不是权力棋盘上的群众演员，不是一个过渡人物，也不是一个有特殊优待的观众。从政治学角度来说，她是一个“演员”，这意味着她“活动”，她是一个热爱政治互动的人。她非常善于展现外交远景，让隐藏的动态发展浮现出来，设计和制定多层次的战略，设想和预见复杂的格局。鲍曼和默克尔总是迅速地明白和理解彼此。她们是面对权力的闹剧和虚情假意能保持清醒的女人，比一般人更明智，被描述为冷漠的算计者。这两个女人也会一起开玩笑，说一些关于政敌或者联盟者的俏皮话，比如她们一起笑话国家领袖以及其他国家总理的怪癖和软肋。“鲍曼习惯于以一种非常坦诚的方式与我对话交流。我们可以对彼此讲实话。”默克尔透露说。据知，在这位女总理有限的圈子里，“以透明度代替忠诚”就像个口令。实际上，这些消息的传出，在德国总理府那栋现代化大楼（此楼因为其令人好奇的形状而被称为“联邦洗衣机”）的办公室里是一件非常少有的事情。

没有人像鲍曼那样了解默克尔，也没有人能像鲍曼那样知道怎样分析这位女总理的弱点——那些最后看来是错误的判断，那些犹豫踟蹰，那些假动作，那些害怕。这种分析之所以被允许，是因为鲍曼知道默克尔明白，她为了她的现在和将来已经“牺牲”了一切。这位德国总理的形象“就是她的杰作[1]”，《明镜》周刊写道，并且“没有人能从她手里夺走这一杰作”。奇妙的是尽管如此种种，尽管这一段关系已经超过了20年，这位“女王”和她最信任的顾问之间仍然彼此尊称为“您”。这在德国当然比在意大利要更正常一些，但是考虑到她们之间关系的深厚程度和持续时间，这就很不寻常了。或许，她是探究“默克尔之谜”的钥匙之一。

另一把钥匙是一位著名的科学家，他的名字是约阿希姆·索尔。

索尔住在柏林的佩加蒙博物馆对面的一栋房子里，和默克尔住在一起。他就是“默克尔先生”，“欧洲最强权的女人”的丈夫。他爱好音乐，尤其喜欢歌剧，但他还是一个被噪声折磨纠缠的男人。2001年8月，在佩加蒙博物馆前上演克莱斯特[2]的《安菲特律翁》，这使索尔先生深受干扰。他向主管该区域的环境部门办公室反映，负责人受到了警告并且决定测量该演出的音量。当索尔教

---

1. 原文是 Opus magnum，拉丁语，意思是杰作、巨著。——译者注
2. 克莱斯特即海因里希·冯·克莱斯特，德国剧作家。其作品简洁明了，风格多变，表现了理想与现实间的矛盾冲突。《安菲特律翁》是他的一部悲喜剧。——译者注

默克尔与丈夫索尔

授前妻生的孩子们还常常来他家的时候，他们被吩咐要穿非常厚的羊绒短袜。在索尔–默克尔的家里不能有噪声。

1998 年 12 月 30 日，他与默克尔结婚的通告使所有人都十分惊讶。大家都知道，这位牧师的女儿非常坚决地保护着自己的个人隐私。当这个通告在《法兰克福汇报》上出现时——当时柏林政界中无人清楚此事——各大媒体的记者们都非常吃惊，那个通告短小而简洁明了：

> 我们结婚了。安格拉·默克尔和约阿希姆·索尔——柏林，1998 年 12 月。

结婚典礼在柏林米特区民政局举行，双方的父母都没有来参加婚礼。

索尔教授研究的是量子化学，曾任教于柏林洪堡大学，2017

年他退休了，但仍然以高级研究员的身份继续从事着自己的工作。他曾在圣地亚哥工作过一段时间，也曾与马克斯·普朗克[1]学会相关的项目合作过。索尔是一位在全世界都非常受欢迎的科学学术报告人。他也来自民主德国：1949 年出生于霍森纳，是卢萨蒂亚（勃兰登堡南部）的一个小乡镇。他是一个点心师傅的儿子。这两个人似乎从 1981 年就相识了。索尔的名字也出现在默克尔博士论文的致谢里，她的论文答辩时间是 1986 年。他当时已经在科研院工作了，并且迅速积累了名声。在他所从事研究的领域，他是卓越出众才华横溢的专家之一，拥有“不寻常的分析能力”。有人还记得他生硬的作风，以及他在知识上毫不犹豫地展示自己的“优越性”。另外，人们还记得他对于当时政权的批判态度。这是一件众所周知的事，因为当时科研院的气氛“总的来说是宽容的”，正如朗古特所述。

在那个年代，索尔和默克尔曾在布拉格见过几次面。索尔被派到那里，和鲁道夫·扎赫拉德尼克一起做深入的研究。扎赫拉德尼克是捷克科学院海伊洛夫斯基的一名著名科学家，默克尔也常常去拜访他。1988 年和 1989 年，索尔在联邦德国有两次“脱离”东部的机会。在卡尔斯鲁厄，更准确一点，1989 年，他与他未来的人生伴侣都在卡尔斯鲁厄。他跟着莱因哈特·阿里雷克兹教授在当地学校的量子化学研究院。11 月 4 日（那是柏林墙倒塌的前几天，而柏林墙的倒塌显然是这两人无法知道的事），在东柏

1. 马克斯·普朗克，德国物理学家，量子论的奠基者，与爱因斯坦并称为 20 世纪两大最重要的物理学家。——译者注

林正在举行一次为争取言论自由的大规模游行示威。亚历山大广场上有成千上万人，当时预计会有 26 个演说者，其中有作者史蒂芬·黑允穆和克里斯塔·沃尔夫。总之，一些“重大的”事情好像正要发生，人们有很多种希望，来到街道上的人也像充电似的兴奋。那一天，默克尔、索尔和格哈德·厄尔曼一起吃晚饭，他当时领导着科研院的量子化学中心研究院。格哈德·厄尔曼决定立刻回到东柏林，他觉得他不能缺席这各种事件疯狂交织的时刻。索尔和默克尔则仍在联邦德国的卡尔斯鲁厄逗留了几天。

那时索尔已经结婚了，妻子是他以前的校友，他们生了两个孩子，但在 1983 年他们就分居了（1985 年离婚）。人们不知道从什么时候开始这位教授和默克尔生活在了一起。这对夫妇的照片也非常少见，更何况那是在她升至总理职位之前。倾向于回避公共范围是索尔与鲍曼相似的一点（也许，这对于那些陪伴在默克尔两侧的人来说是必要的条件）。实际上，“默克尔先生和默克尔女士”一起现身于公众视野的唯一形象，是他们被刻画成在拜罗伊特举办的瓦格纳音乐节的常客，坚持不懈、充满热情。除了一些盛宴以外，那是安格拉唯一会穿一件类似于晚礼服服装的地方（据说，有一次，她在衣服下面穿了齐小腿高的袜子，简直是可以“载入史册”）。萨尔茨堡音乐节也深受两人喜爱。而在政治性质的公共场合，他从来没有露过面，就算是“严刑拷打”他也不会与媒体对话。记者们都知道他，都谨慎地对他敬而远之。当他的妻子第一次宣誓就职成为德国总理时，他也没有在场，他在大学的办公室里，看电视上的宣誓仪式，然后仅仅是打了一个电话表示祝贺，最后在家里适当地庆祝了一下。他在日常生活中非常简朴，曾经为了避免搭乘政府的飞机，带着他一贯的谨慎小心预订了一个廉价航班去和在意大利度假的妻子会面。

索尔最初出现在公众面前，其中一次是访问当时的美国总统乔治·沃克·布什，因为那次他真的不得不去。一般情况下，对他来说，那些极少数的公众露面就是一种不太称心如意的义务，尽管也有一些例外。在巴登-巴登的一次首脑峰会期间，他与米歇尔·奥巴马、卡拉·布吕尼闲聊，显得非常从容自在，一点也不像人们说的那样生硬。其他时候，作为公众人物，索尔几乎就是不存在的。也是因为这样——但也有人怀疑不止是因为这样——他被称为“幽灵”（das phantom）。德国公众很欣赏他的这一姿态，77% 的公众表示“理解”他保持低调的选择。

据说，索尔的世界主要被沸石占据。据维基百科解释，沸石是一种“规则晶体微孔结构且晶体内部有大量空隙的”矿石。此外，索尔主要精力在研究和学业上。就连大选结果出来的那天，索尔也一如既往地保持适当的距离。他更喜欢和妻子去林中散步，走很远很远，在那儿对她大声说话或者窃窃私语。这儿还有一个好处，她说，“有的时候我们的手机也无法接通”。他们经常去瑞士，在恩加丁谷地度假。有一次，媒体报道他们“在加利福尼亚的奇妙旅行”。多年来这对夫妇都会非常乐意地在伊斯基亚岛过一段时间。周末的时候，默克尔和索尔经常躲在滕普林附近的乡间别墅中。滕普林是安格拉在乌克马克度过少年时光的小镇，在那儿，还是在民主德国时期，安格拉曾是当地捕鱼协会的成员，“尽管我这一辈子从来没有钓过一条鱼”。

他们私人生活唯一被允许的闯入，就是媒体披露默克尔“非常乐意”为丈夫下厨。浓肉汁菜汤，裹薄面包片，红甘蓝配烤肉，烤土豆，甘蓝肉汤，然后是神秘的“罗宋汤”，就是那道非常著名的俄罗斯菜肴，甚至还有甜点。她带着一种真正的家庭主妇的自豪说道：“没有一个人会带着不满从我的餐桌起身。”但那个点心师的儿子也很厉害。他会制作“那些一鸣惊人的糕点”，家里那些“馋虫们”能向传记作家们证实。

默克尔在家里管他叫“阿希姆”，人们猜测索尔在家称呼她“安格拉”。余下的，他们的私生活完全是屏蔽的。这就可以理解当她在伊斯基亚岛泡温泉时，狗仔队突然出现，狂拍她穿着泳装的照片，她怒不可遏的表现。人们所知道的关于索尔教授的一切就是默克尔极少透露过的那点事。比如，他有时会在妻子发言之前重读她的演讲稿。有时他会根据自己的习惯批评她，就像一个丈夫正常情况下所做的一样，比如他不喜欢她在联邦议院发言时“老是伸出食指”的习惯。安格拉很欣赏丈夫的“淡定和平稳”，欣赏他是一个“活泼的男人”。在一次电视采访中，这位女总理描述自己的丈夫是“真的非常有能力的一种人”。莱因霍尔德·梅斯纳尔有时候会和这对夫妇一起去阿尔卑斯登山郊游，他也认为“德国媒体关于约阿希姆·索尔的那一套陈词滥调完全是错的。他是一个让人难以置信的有趣的人，性格很开朗。对于总理来说，他是理想的对方……”令人好奇的是他用了“对方”这个词。

这对夫妇的一个朋友，在德国电视二台公共广播的采访中，说索尔是一个“自我批评，并且对同事和朋友也有批判精神的人。也许对妻子也有一种批判态度”。认识他的人都说索尔完全不是一个心不在焉的科学家。政治也是他的爱好之一。朗古特认为可能索尔对默克尔的影响比人们通常想象的要深刻得多。在某种程度上，她也证实了这一点：“他们说我的丈夫一点也不会充当我的政治顾问的角色。这种猜测与现实一点都不相符。”默克尔还补充道，她与丈夫的对话具有“几乎是生死攸关的重要性”，否则她就会变得很单一。还有人认为，在严格的家庭圈子里，阿希姆才是主导成员。当然，如果这个男人被人错误地称为“默克尔先生”，他会非常生气。在吉多·韦斯特韦勒身上就发生过这样的事，当时他还是自由民主党首脑，他非常愉快地向索尔教授打招呼：“早上好，默克尔先生”，索尔教授差一点就让他去见鬼了。

第七章

CHAPTER 07

捕鱼人和蠕虫

“很多时候我决定事情要向前一步，
即使我知道不会因为这个获得所有人的一致赞同。”

自从安格拉·默克尔成为德国总理以后，一直有一个疑问：默克尔的“视角”是什么？她将把德国和欧洲引至何方？这个“乌克马克的斯芬克斯”的长远政治规划是什么？几乎没有人能够给出一个答案，连她自己也不能回答，似乎就是这样。当然并不是一种宏伟壮观的“视角”引领她在2005年11月22日成为德国历史上第一位女总理，她也是最年轻的总理（她当选时只有51岁），第一个领导联邦政府的科学家。多亏了她敏感的直觉力和多样的战术策略，她才能够走到这个位置，也就是说她必须适应一种与社会民主人士的“大联盟”。而且这样的条件成功地扭转了形势，使之有利于她。伟大的战败者格哈特·施罗德——那个在条顿人中主张第三路线的男人，托尼·布莱尔的德国“对称者”[1]——直到最后一刻，他都相信自己一定会留在总理府。2005年的大选是德国历史上最为激烈的选举之一，即将卸任的施罗德凭借着自己的人格魅力和利用媒体的辉煌策略，成功地慢慢追回

1. 施罗德当选总理后，内政方针采取了与英国首相托尼·布莱尔以及美国总统克林顿不同的所谓第三路线，一些积极的政策获得了赞誉，例如促进可再生能源，认可同性恋的合理关系等。——译者注

了比分（大约有 20% 的差距）。但这是不够的。

社会民主党获得的选票到 34.2% 时就停步不前，对手（基民盟 / 基社盟）则获得了 35.2% 的选票。不过基民盟 / 基社盟也再一次刷新了其历史上最低的竞选成绩。一时间，情况很是令人尴尬，宣布的获胜者差一点点就不能占领最高位，而默克尔又是如此坚决固执地充满了渴望，不懈努力，一点一点地向上爬，她的对手就停在她下方一厘米处。由于不可能与自由民主党人士联盟，社民党不得不静观其变。对于“联盟政党”（基民盟 / 基社盟）来说，这“几乎是一次失败”，尽管结果揭晓的那晚，当默克尔出现在摄像头前时，所有人都震惊了，她在竞选中再一次凯旋。

默克尔能够更好地体现德国社会的深刻变革，使之具象化。她有那些她几乎永远都会拥有的东西支持她：一种对时代精神的直觉力，并且能从容地利用这种直觉力为自己服务。从施罗德这方面来说，他没有重视日益变得“流动”的全体选民。不管这是对还是错，那种悬而未决的情况对安格拉·默克尔来说是一个有利条件。另一个有利条件是，她是一个女人。需要用一些数据来论证这一点。2002 年，已经有超过一半的德国选民是女性，在 6200 万选民中，女性选民超过了 3100 万。在那一个回合里，施罗德获胜是因为他比基社盟成员、联盟[1]候选人埃德蒙·施托伊伯更有“共感”，还因为他在伊拉克战争问题上持坚决和勇敢的反对意见。但在 2005 年，“另半边天”转向了默克尔一方——一个“新的”、能干、坚强并且勇敢的女人。至少在相当一部分选民眼中她

1. 联盟是指基民盟和基社盟的联合，两党在 1947 年结为姊妹党。——译者注

就是这样的。此外，这个“乌克马克的姑娘”还获得了相当多在一些传统意义上激进的选民或者绿党人士的支持，这也激起了没完没了的议论。

这是一个正在改变的时代的特殊标志，可是很多人，比如从施罗德开始算起，他们都不愿意去理解这个时代。就这样，那表面的劣势和不利条件，也就是大联盟，到最后对默克尔来说变得完美而无可挑剔。那个女人（一个女人！），那个成长于两德之间，成长于两个世界之间的女人，将完全有能力跨上一个由两个对立的核心组成的非意识形态政府。如今，在向左派、右派以及中间派让渡小恩小惠这种事情上，她也是非常能干的。福岛核泄漏事故[1]之后，默克尔为了从核能问题中走出来而做的惊人的闪电般的转变（关于这一点我们稍后再说），就是这位德国总理能抓住德国人所敏感的事物的这种能力的典范事例。

在2020年新冠肺炎疫情造成的混乱中，她也是如此表现：当基民盟 / 基社盟的“大佬们”仍然在重复着他们那令人厌倦的债务共担禁令的时候，公众意见的指针似乎全都转向了那些在新冠肺炎疫情中严重受创的国家，并表示出团结，于是默克尔和马克龙的五千亿“恢复基金”计划开启了，而实际上这个基金后来成为了欧盟委员会的七千五百亿计划的大框架。欧盟委员会由乌苏尔拉·冯德莱恩（Ursula von der Leyen）领导，她就在几年前还被认为是默克尔的“接班人”。这是一个在疫情的风口浪尖上成熟起

1.2011年3月，日本福岛第一核电站1号反应堆所在建筑物爆炸，随后日本政府承认，在大地震中受损的2号机组可能正在发生“事故”，2号机组的高温核燃料正在发生“泄漏事故”。——译者注

来的转折，是一个重要而轰动的转折：这一次人们仍然不知道她是秘密地筹谋了许久，还是在一瞬间做了闪电般的转变。

这个典范式地改变表现出一种欧洲内聚力的理念，而时至今日，除了一些辉煌壮丽的宣言，这样的内聚力一如掌中沙不停地流失。意大利前总理、欧盟委员会前主席罗马诺·普罗迪——正如我们说过的那样，他对于这位德国总理的态度向来都不是很温柔——写道：默克尔“终于对当下的严重危机采取了行动，同时，德国的未来与欧盟的未来也是密不可分的”，因此“德国总理摆在台面上的提案肯定是让自己的国家做出了一些牺牲，但其实为德国争取到了长远看来巨大的利益。在促进本国未来与欧洲未来的和谐中，她显示出了一个着急短视的政客和一个政治家之间存在的差距。”

现在我们先回到那命中注定的2005年，那一年向历史呈上了第一位女性德国总理，因而也是如今我们所了解的欧洲格局的起源。鉴于当时的结果，施罗德自认为是精神道义上的胜利者，他认为政府的门仍然敞开着，于是带着极度的生硬和严厉，在电视直播上来了一句：“你们当真相信我的政党会接受默克尔夫人的洽谈提议吗？况且她的提议仅仅是简单地基于她说她想当总理这个事情。”还有：“你们看看她！”第二天媒体就炸开了锅，指责施罗德，左派的《日报》说他是一个带着“大男子主义”态度的“傲慢的人”。疯狂的谈判持续了几个星期，进行得十分艰难。对于“安吉”来说，问题在于不能把自由民主党推向社民党人的怀抱，而尽管施罗德以那种方式使得冲突升级，但社民党人也是应该被吸引、争取过来的，当然这种争取要小心谨慎。

在假设了差不多所有可能的联合之后，默克尔、施托伊伯、

默克尔对阵施罗德

弗朗茨·明特费林（当时他是德国社民党的领袖）以及施罗德本人，他们会面并且决定，联盟将是红黑联盟，也就是社民党加上基民盟/基社盟，在联盟中，后两者取得德国总理和七个部长的职位，而社民党占八个部长之职，其中包括副总理一职。到那时一切都成功了，安格拉·默克尔将出任德国总理。两名外国记者问她感觉如何，默克尔的回答完全没有一点动情和感触，就像“她没有表达感情的公共词汇一样”，《南德意志报》这样写道：“嗯，就这样了……首先，我很好。其次，我相信我们将会有很多工作要面对了。”就这样简短地结束了采访。

2005年11月22日10点52分，安格拉·默克尔以397票，即联邦议院64.7%的得票率，当选为联邦总理。在12点01分，她从总统霍斯特·克勒手中接过委任书。历史就这样写就。

相比之下，2009 年的大选就像散步一样轻而易举。当社民党人疲倦、暗淡而犹豫不决地从“大联盟”中退出，默克尔派的基民盟和基社盟人士成功地获得了大部分选票，并且自己组成了一个“小联盟”。事实上，尽管是获胜者，但从百分比来看，基民盟和基社盟再一次得到了最差的结果，而那是几乎所有现今的西方民众政党都知道的崩塌，尽管这个比例不如在意大利那么有戏剧性。对于默克尔来说，这是另一个话题，这表明了即使在德国，尽管节制简朴并且对于制度的平衡比意大利更加敏感，这位女总理毫不费力地在她习惯的选区（施特拉尔松德–北前波美拉尼亚–吕根）获得了 49.3% 的选票，比起 2005 年多了 8 个百分点。10 月 28 日，默克尔再次当选为总理，在总数 612 张选票中获得了 323 票，比她自己的政党联盟的议员总数少 8 票。11 月 10 日，她解释了立法大纲，中心要点是抵抗经济危机，当然是以她的方式，这不是开玩笑的。这里就又回到了关于安格拉的“视角”的问题，也就是说，她的思想体系。

渔夫对蠕虫说，来吧，跟我去钓鱼。这是《勇母和她的孩子们》中的一句精彩的对白，那是另一位默克尔传记作家斯蒂芬·黑贝尔从贝尔托·布莱希特那儿借用来的［黑贝尔的书名是《丢脸的母亲》（*Mutter Blamage*），这显然是在拿《勇母》（*Mutter Courage*）开玩笑，Blamage 在德语中的意思是“丢脸”，暗喻默克尔是一个“丢脸的母亲”］。而这句对白典型地象征了德国很多评论观察员对这位女总理的想法，用黑贝尔的话来说，她的成功是一个“持久欺骗的诡计”。由此经常出现一种并不是赞美和颂扬的描述（即之前提过的格特鲁德·赫勒所写的另一篇意味深长的文章《教母》)：默克尔以权力斗争之名——有人将她说成一个“政治狂”，一周 7 天，每天 24 小时只有政治——时刻准备着放弃任何信念、任何价值、任何优先权的改变。事实上，黑贝尔否认这种说法。默克尔有时的确是准备好了作任何妥协和任何出人意料的转变，经常出其不意地闯入对方的阵营，比如，关于环境政策、妇女权益以及最小收入的想法，但是就其唯一的、真正的且无异议的政治原则来说，她绝对是固执而意志坚定、严格而且团结一致的。黑贝尔说，“她是倡导新自由贸易主义的总理”，在这一点上他与由希腊、西班牙、意大利、葡萄牙、英国的社论撰稿人、评论员、经济学家和政治家们组成的庞大阵营是一致的。黑贝尔甚至明确指出，默克尔是自私的民族主义的自由贸易主义者。

这位“变色龙总理”努力不让这一点太引人注目。她常常谈论“更多的欧洲”，但大家都心知肚明，这是指金融资本、市场和经济利益。市场自由是首先要保护的利益，这意味着一种在欧洲的德国霸权和相继而来的对各个国家之间相互团结的结构的破坏，更别说附带的对旧的福利体系的破坏了。“这个纲领没有思想界线，只有战略界线”，黑贝尔写道。“这位女总理对外兜售她自己的政府行为，就好像这是‘为所有人所制定的政策’，并且她自己像是‘自由主义资产阶级中心’的化身。但这表象的背后大多都跟着银行和大型工业集团的方案。”那是注定要将欧洲引向经济窒息的方案。各国的欧洲对阵共享的欧洲，这就是她正在展开的画卷。芭芭拉·斯皮内利写道：

> 主权债务不再是主权的了，这应该作为一项世界性的任务来面对，那就从欧洲大陆开始。试想各国独自偿

还债务，同时负债更多，这不仅是世界性的不公，简直就是荒谬而且也行不通的。总之，欧洲人的政治统一才是更现实、更实用、更有希望的道路，从主权角度来看，也就是说从公民凝聚力的垄断、公共利益和国力的角度出发，恰恰就是如此。抛弃和分散垄断，将会导致大陆的微不足道，而让那些更强大的市场或者国家发号施令。

在这种背景下，关于她的政府的方式，默克尔似乎总是一个更加“后政治的人”（在德国，最近十年来，去参加投票的人数失衡）。她经常遭受的批评（这批评不仅来自于反对她的队伍）就是，在欧元危机的处理中联邦政府试图尽可能地压制议会的影响，这个问题在德国引发了长时间的严肃讨论。众议员在投票前的几个小时才知道复杂的或是微妙的法律草案，这已经是一种常规了，这样，当涉及各种动辄几个亿规模的“救援盾牌”，或者说是“防火墙”投票的时候，议会投否决票的可能性就被降到了最低。这些事曾让宪法法院卡尔斯鲁厄[1]法院介入干涉了几次。每次宪法法院都被召来审判安格拉·默克尔所领导的政府的行为是否反宪法，然后宪法法院的法官们就经常被置身于一种敲诈勒索的境地，意思是如果他们不马上放行，那么他们就会是加重欧洲危机的罪魁祸首。黑贝尔说这位德国总理每次的反应就像是“国家的法庭刚刚阻止了她修剪篱笆”。2012年6月，就有关“欧洲稳定机制”（ESM）的问题，议会被置于一旁观望，而

1. 卡尔斯鲁厄，德国西南部城市，是德国联邦最高法院和德国联邦宪法法院所在地。——译者注

她在来自于卡尔斯鲁厄的停止命令到达后，回复说："好吧，至少现在我们有清晰的参数了"，就好像这事的重点不是她和政府方面明显地逾越了宪法的界限一样。以同样的方式，这个"财政协定"（2012 年 3 月 2 日获批的《欧洲预算协定》，是默克尔信条的一次真正的胜利）也被多方认为是反宪法的，详情是欧洲拯救者们的诱饵常常在后面推动公众争论。若此事在国外被重申了多次，在德国也许只有左派的领导人格雷戈尔·吉西——曾是民主德国人——触及痛处，直击要害："以这个协定，通过一种财政联合，她放任一个欧洲联邦、一个欧洲国家建立联合，但这是宪法所不允许的。"这个各国之间关于稳定的协议，经济和货币联合的协作和经营的财政协定并没有考虑到任何解约和撤销的权利或者说可能性，而这恰恰就是宪法没有规定和涉及的。只有基本权利、国家的联邦结构和各联邦州的立法活动是联邦共和国宪法不可缺少的组成部分。

反对默克尔的人或多或少地达成了一致，他们反复说，和"安吉"在一起，德国变得越来越有侵略性，越来越不可靠，不团结。一切都和它的公众形象相反，至少这位德国总理自身的形象是如此的"正常"，在令人厌烦的边缘也能使人安心。首先"默克尔是以民族主义的而不是欧洲的视角来思考和行动"，她的理念是用一种市场导向的基本原则来取代欧洲的和谐。为希腊、葡萄牙、西班牙和之后的塞浦路斯所裁制的一揽子"救援"计划，以及德国强制推行于欧洲其他国家的臭名昭著的财政协定，符合了一个唯一的原则：所有国家，不管他们的经济结构是怎样的，都应该屈从于一个基本图式完全是德国式的货币政策。不发行新的货币，不为增长而努力，不团结借贷方，不实行恰当的就业政策，并且任何一条涉及共同分担负担的出路都被封锁或者至少是尽可能地推迟，比如反投机的措施没有实施，也没有为减轻欧元区内部的经济失衡而作出努力。

结果，除了造成欧洲广大区域逐渐萧条（社会成本非常高，而“富有的”欧洲似乎没有注意到这一点，其实从希腊的混乱就开始了），德国向外出口产品的市场也同样逐渐被破坏。欧洲的经济学家纷纷说，在这种失衡下，随着时间的推移，统一的货币可能会屈从于越来越难以承受的压力。曾经美国出现这种情况时所做的却与之相反。美国增加债务，向市场注入新的货币以重新发动经济和刺激消费，而这还没有举马歇尔计划，就是美国在二战之后用以支持西欧并且佐证其霸权的那个计划为例。

从欧元危机时期德国方案暗含的政治文化来看，有一种观念，就是在德国起作用（或者应该说是可能会起作用）的方案，在别的国家也必须起作用（尤其是在那些地中海沿岸国家）。为了偿还债务和理清账目，唯一的途径就是存钱，这就跟任何一个谨慎精明的一家之主所做的决定一样。当一个黑森林或者是山里的农夫看见账目不如预想的那样时，这正是他会采取的做法，不是吗？

乍一看，这就是“默克尔教理”。这表面上是一个经得住推理的模型，但在最后的分析中却有了一种独断专制的意味，并且似乎也没有重视一些事实。比如欧盟对希腊的帮助大部分都以支付利息的形式返回来了，根本没能重新推动当地的经济发展，现在希腊经济事实上已经低迷了。带着一种自满，柏林政界注意到了那些摆到桌面上的数据。比如，欧元区各国的失业率总是呈现出越来越可怕的性质，显示出分割了欧洲大陆的深刻裂痕，一个血淋淋的伤疤，它已经达到了这个货币联盟诞生以来的最高程度。到 2013 年 2 月，欧洲的失业率平均为 12%。这是相当高的，但是如果不一个国家一个国家地分开看数据就毫无意义了。在那一年，爱尔兰是 14.2%，法国 10.8%，意大利 11.6%，塞浦路斯 14%，葡萄牙 17.5%，斯洛伐克 14.6%，西班牙 26.3%。希腊呢？没有（根据惯常的程序，希腊的失业率无法被欧盟统计局统计，这是说了很长时间的事了）。德国跟卢森堡一样，是 5.4%。只有奥地利，以它自豪的 4.8% 略好于德国。年轻人的失业率还要更可怕。西班牙是 55.7%（也就是说每两个西班牙年轻人中就有一个人没有工作），葡萄牙 38.2%，意大利 37.8%，德国止于 8.8%。

面对这种混乱——且在每个地方，在共担债务的逻辑下提出的向欧元债券注入百亿资金，扭转事态方向的号召没有被听取和采纳。面对那些在空空如也的商店前排着长队突然变得很穷的希腊人（他们无法获得必需的药品），面对那些不得不求助于慈善机构以筹得一些类似于午餐食物的大量公职人员，希腊《论坛报》抢先发布的消息像是一种讥讽和嘲笑。该消息于 2013 年 4 月初发布，很明显是从《明镜》周刊转述过来的。也就是说，由于本该支付的战后重建款项没有被支付，导致希腊可能向德国提出索赔，这些索赔比起雅典因获得了“使德国纳税人破费很多”的各种救援资金而欠柏林的债务，要更加令人信服一些。简而言之，故事是这样的。根据雅典财政部的一份秘密报告，柏林从来没有支付与二战战后重建相关的债务，而这并不是小数目。数据表明大约是 1620 亿欧元，相当于该国国民生产总值的 80% 和公共信贷总额的 50%。实际上，现在的联邦政府——由于它是德意志第三帝国[1]的法定继承人——应该向希腊归还那些在战争中被毁的基础设施的重建款项1080亿欧元，以及当时被侵占者强索去的义务贷款540亿欧元，希腊人再也不可能见到那些钱了。这是在21世纪统治欧洲的势力关系失衡的写照。

在存在两种速度的欧洲面前——在有两个中心的欧洲，数字不代表比率，而代表了一种日益增长并且越来越戏剧性的差距——安格拉·默克尔总是喜欢以纯粹的理性主义者的形象自居（打着新教徒的印记）。“以前（还是科学家时）我也想要权力，在分子上的权力。如今我在另一个领域做着同样的事情。”传记作者孜孜不倦地转述着她在系统的有条不紊的工作面前表现出极大的克己忘我。她熟知那些放在她桌上的卷宗。她继续研究。“她想比她的同事们更加消息灵通。”她的随从人员、最紧密的圈子里的人这样说（这里回响着她父亲的教育）。从那儿，她获得各种巅峰胜利，既有在基民盟/基社盟内部的胜利，也有国际性的胜利。她在现实中击败竞争者，炫耀数据和图解，她不在意随便引用的一个统计数据，在谈判中她有一种非常显著的耐力。

常见的一种说法是安格拉不像赫尔穆特·科尔，因为科尔坚信自己的“历史视角”（事实上科尔毫不客气地指责过默克尔没有视角，没有欧洲意识，看不到她的狭隘界线的那一边）。默克尔派的方法论和标语是“一步一个脚印”，这是全世界众所周知的，还有“自由寓于迟疑中”。这更像是自画像，而非现实。“安吉”似乎是“非意识形态”的（而在这个时代，在越来越冷淡和失望的

---

1. 德意志第三帝国即指纳粹德国。——译者注

选民面前，这一点是一个合乎逻辑的显要的优势）。她自己也很精明"理智地承认关于联邦共和国的未来社会她并没有什么视角"，至少严谨的朗古特是这样记述的。

但是真的是这样吗？在其他领域，默克尔总是时刻准备好了作轰动一时的转变（我们后面会提到），默克尔不会在欧洲政治上让步，从不。或者至少说，直到新冠肺炎疫情危机之前都是如此，但危机发生后，她突然联合法国抛出了针对在疫情中严重受损国家的救助计划，然后努力推动将这个恢复基金打上了欧盟委员会的标签。这冥冥中的 2020 年见证了德国放弃"黑零"政策的教条，以及放宽甚至写入宪法的德国的"债务限制"。

只有当面临已经难以承受的国际压力而要最后一跃时，她才会让步，但是即使是这种地步也只是最小的让步。可以说这也常常使她的同党们感到出乎意料的"实用主义"，似乎是她的经济政策完美的对抗表示。"价值层面不拘小节，欧洲经济层面不留余地"，这似乎曾是她多年来的箴言 2.0 版。退回几步看，当时默克尔还是赫尔穆特·科尔统一内阁的年轻部长。这一段是很典型的：它告诉我们，伴随着这位总理，那个"意识形态的"解构过程是多么的"古老"和连贯，如果人们愿意的话，甚至可以说是先知的。作为妇女和青年部的负责人，她要面对的第一个复杂的议题就是人工流产。显然，基民盟是支持界限非常严格的规定的。而她在妇女权益的议题上有一种在民主德国形成的敏感性，于是她准备了一个以"帮助胜于惩罚"为原则的法律草案。该草案基于一个论点，即女性不应该害怕惩罚，她们适当地被建议（法律也这样）积极开始新的生活。一方面，很明显基民盟和基社盟永远不会投票给这类文本，尽管它就产生于内部；另一方面，联邦议院由社民党、自民党和绿党组成的大部分都投票给了这个草案，而该草案实际上并没有考虑到中断妊娠的时间限制问题。安格拉·默克尔弃权了，这是可以理解的，她已经使自己的议会党团大为光火了，以致基民盟和基社盟都转而求助于宪法法院。默克尔的态度似乎是一个谜，起初她表示不会签署请愿书，在朔伊布勒（他是当时的党团代表）的要求下，她又说将会签署，并且事后证实她也确实签署了。但是总是有据可考的朗古特认为，在呈交给宪法法院的文案页底并没有默克尔的签名。这是政治之谜，是三方游戏还是平行的双重机会主义？

在其他阵线上，通过改革儿童和青少年法，以及与虐待未成年人的现象斗争，她为支持庇护儿童权利所做的努力是坚定的。同样还有为了争取女性在工作上的权利平等的法律，但事实上该法律没有涉及“粉色份额”[1]，在她自己的阵营内部对该法也有非常严厉的责难，但经过两年的紧张谈判交涉之后，终于在1994年被批准了。那位年轻女部长的政策几乎总是将她置于其政党左派的位置，这也是因为她仍然能够长久地依靠伟大总理科尔的庇护。在试图让自己的委任有一种可辨认的特征的过程中，她似乎更容易在传统意义上比较进步的领域活动。在科尔把她“提升”为环境部部长后，在之后的立法中也是这样。

在德国，环境问题一直以来都是一个极其微妙的议题，它能

1. “粉色份额”指在政治机构内部女性人数的比例。由于在世界政治中女性的百分比非常低而产生了对“粉色份额”的要求。这个问题也常常在性别歧视的议题中被讨论。——译者注

让处在上升期的政治家清楚地表现出自己的政治观。机会随着1995年在柏林召开的联合国气候会议很快到来。安格拉作为主办国的主管部长主持此次会议。和往常一样，她疯狂地准备，谈判持续了约两个星期，并在一个夜晚的使人肾上腺素喷涌的马拉松式会议上达到了高潮，大会以签订一个旨在减少温室气体排放的公约结束。这不是最终的结果，一部分并不漠然的德国公众跺脚表示不耐烦，但默克尔仍然说："我认为那是我最好的成绩之一。"鉴于她当时还没有太多的经验，不能认为她有错。这个峰会有来自于大约130个国家的超过1000名代表参加，并且每个人的利益不尽相同，这可以算是一个成功。同时她还要使自己的准备和在气候领域的能力被认可，这当然不是一件小事。以著名的《柏林授权书》结束的气候峰会，显示了她独特的个性。"她极其实用主义……她不知教条主义为何物，她想要的是结果"，史蒂芬·科内柳斯这样写道。默克尔热衷于峰会带给她"语言和经验的混乱"，她说：

> 当然可以数年坚持最高纲领派的要求，而不接受任何的妥协。很多时候我决定事情要向前一步，即使我知道不会因为这个获得所有人的一致赞同……恰恰是在所有与会者脾气都很差的时候，也许妥协才行得通。在那种情况下，我必须一个人高兴起来。

默克尔坚定一个想法，在这一点上科尔绝对站在她这一边，那就是表现出"新德国"已经准备好了做一个好榜样，于是第二次机会来了。京都，1997年。这个来自民主德国的女部长在起草

默克尔

最终议定书的过程中扮演了至关重要的角色，该议定书规定温室气体的全球性减排从5%到8%不等，欧盟国家将下降8%左右，美国和日本下降7%。

然而，真正天才的一击是几年之后，当时她刚成为基民盟的领袖不久。为了反对针对她的“没有内容”的指责——这种指责既充斥于政敌之间，也存在于她自己的阵营中——安格拉拿出了她第一个真正精心写成的理论作品，题目是《社会市场的新经济》（*Neue Soziale Marktwirtshaft*）。副标题是“我们的社会”。她的贡献通过一篇发表于《法兰克福汇报》的有力文章传达给了公众，文章的主导思想是：劳动者和雇主之间的关系应该适应一种全球化现状的需要，因此社会安保结构应该基于一种平衡的财政基础。

“社会市场经济消解了工业社会中资本与工作的矛盾……劳动者和雇主之间的规矩也应该有所改变……”其中一些想法完全出乎基民盟同事的预料。默克尔提出了劳动者大规模参加企业资本，比如以认股权的方式，另一方面她还假设了在能源、电信和交通领域的大范围的私有化。这位未来的德国总理还思考在卫生领域的最大可能性选择，这些显然都是在一种全球化视角内，而这种视角在那些年里成为每一种政治主见都要遵守的新“义务”。朗古特带着一如既往的冷静记述道，有一个小问题，就是在这个方案中“关于从财政角度如何能够实现这些，并没有具体的指示”。这个方案最终必然是一场空。重要的是要给人一种所有选民都很满意的印象，以致一个社民党人或者一个绿党选民会说：“可是默克尔没有什么不好的。”即使最终没有人会明白这件事情的意义到底是一种实效的工作权利的重建，还是更多的是一种对工作权利谄媚的解构。

多年以后，默克尔当上了总理，将会有一个关于原子能的片段。这也是一个让同党同事大为光火但却得到大部分“敌对的”选民称赞的向前猛冲的例子，而这一点也表现了一种明显的相对主义信仰的倾向。福岛核泄漏之后，她的转变紧随而来。有着环境保护优良传统的德国，被福岛灾难的规模震撼到了。安格拉·默克尔感受到了国家的脉搏，并且以她自己的方式赶去补救。在 2012 年的基民盟党代会上，默克尔发表了注定要载入史册的演说：

亲爱的朋友们，我们是自两德统一以来最成功的联邦政府，这是因为我们明白，必要的能源转变不仅只是从一种特定形式的能源走出来的出口，它还是一代人最伟大最有雄心的计划。如果方式正确，这个计划可能成为一个新能源时代的超级出口产品。21世纪的“德国制造”——这就是我们的目标。

掌声雷动。而2006年她在德累斯顿党代会上的发言是：

我总是认为关闭一些事实上安全的并且不会释放一点二氧化碳气体的核电站是完全鲁莽轻率的。你们将会看到，有一天社民党人也会明白这一点。他们总是需要更多一点时间……

在2012年的演说之后，当时社民党在联邦议院的党团领袖弗兰克-瓦尔特·施泰因迈尔（五年后他当选为共和国总统）戏谑道：“如果她现在以同样的欢欣和说服力来支持那些与她一年半以前所说的恰恰相反的事情，那么对于这个国家的政治文化来说这意味着什么呢？”黑贝尔则尖锐地评论：“但是那些成百上千的人，他们在这个转变之前曾去广场反对由基民盟和自民党赞助的核电站延长使用寿命，现在也只是耸耸肩。重要的是已经决定了走出原子能，并且可以开始能源革新的过程。”这位女总理再一次正中靶心。

另一步大师级的棋，在2013年大选的鼎盛阶段击中了社民党要害，那就是最低收入的问题。由于施罗德的经济改革加剧经济

默克尔

悬殊，几乎所有人都同意这一点，于是默克尔又一次越过栅栏，让她的政党提出了最低收入的提案。这是一个绝对左派的议题，她设法成功地避开了社民党人，曾经就是他们总是支持每小时最低工资不低于 8.5 欧元，他们的标语是："全职工作的人，必须能够有尊严地活着。"起初默克尔故意避免表达自己的想法，然后，由于她非常清楚自己的想法会得到公众意见的极大支持，且长期失业补助（也就是所谓的 Hartz IV 劳工市场改革措施[1]）无疑也不得人心，她突然让基民盟提出了相关规章条例的样本，结果所有人都在谈论默克尔的提案，该提案损害了社民党关于此议题长年的

1.Hartz IV 劳工市场改革措施削减了对长期失业者的补助，政策实施当天，在德国各地都爆发了抗议活动。——译者注

工作和活动。这位女总理一如既往地知道明察秋毫。社会公平公正的议题是存在的，而不听取公众意见的人会在投票箱的秘密中为此付出代价。请注意，当很多欧洲人的收入越来越难以维持到月底，德国的经济仍然在增长，但是德国社会可以清晰地感觉到，这种财富增长成果的分配是不平等的。正如在默克尔的职业生涯中多次发生的那样，最低薪水是用来在她周围散发一种积极的气息的，而所有的不平衡和不适的责任都被挪至以后。民意测验也恰恰印证了她在理。她总是深得民心，比她的政党要受欢迎得多。而社民党政敌佩尔·施泰因布吕克，正瞻前顾后，蹒跚而行。

默克尔最后一次多重的转变开始于 2013 年 3 月。她的主意明显是奔着政选去的。从媒体的角度看，默克尔意图向池子里扔进一块巨石——同性恋婚姻。或者，至少是引入相对于异性夫妇而言同性夫妇的税收平等权。这个战略是惯常的，使眼下的反对派处于困境（说不定哪天反对派就会再次成为联盟者），自己处于政论的中心，吸引竞争中的一部分选民，占据主角的场景，去掉竞选活动中的重要议题且避免竞争。这损害了她之前采取的立场。几个月前她的立场还响着回声，当时这位女总理向她的政党下令要在同性恋婚姻的议题上保持顽固和冷酷。突然主旋律就改变了。基民盟准备了一份法律草案，该草案不仅仅关于同性恋夫妇的收养权问题，甚至还讨论将男女同性恋夫妇的税收平等权问题提上议程。《明镜》周刊揭露说，立法专家们已经开始了这项工作，“福岛模式”[1] 可能会再一次起作用。甚至，可以设想已经播下了一种

1. “福岛模式”，指默克尔在福岛核泄漏事件之后对原子能态度的转变，她在同性恋婚姻问题上的态度转变与之如出一辙，因此称为“福岛模式”。——译者注

全新的未来联盟的种子：黑绿联盟，也就是说基民盟和绿党的联盟。这种设想太大胆了？这是无法想象的？还是过于超前？在安格拉·默克尔的奇妙世界里又有什么事情是过于超前的呢？

第一个结果很快就来了。社民党混乱不安，不知道怎样处理这无数次的冲击力。显然，在基民盟人士之间也引起了巨大的骚动，在“兄弟党”巴伐利亚的基社盟阵营中显露头角，他们仍然钟情于一种保守主义的“旧风”。基社盟领袖霍斯特·泽霍费尔铁青着脸咆哮着：“我们希望谨慎地讨论一下这件事。”巴伐利亚人请求不要过于“加速”，因为这可能会打乱他们的阵脚，而这当然不是第一次了。关键点只有一个，大部分德国人都支持同性夫妇享有与异性夫妇平等的权利。不仅如此，基民盟 / 基社盟的大部分选民也是支持的。至少说，问题是党内大部分人都担心这一次有些“夸张”了。走出原子能已经是漂亮的一击，而现在同性恋者的问题也是如此吗？

有意思的是，当该党为这个问题绞尽脑汁，疯狂地左右论战，朔伊布勒表示绝对支持，大半基民盟都大发脾气的时候，很长一段时间这位女总理都没有任何表示。唯一的出路就是，我们还是等着期待已久的宪法法院的宣判吧。然后，突然的，默克尔扼死了这还在摇篮中的盛大的康康舞，她表示她在最后一次党代会上的决定有效，也就是说同性婚姻和“传统”婚姻的平等权利是不可接受的。在这种情况下，她的偏向就是内部的平衡，而不是大部分都支持同性婚姻的德国公众的意见了，但是这个选择战略没有漏掉任何人，这个选择以后也可能有新的转变。2017 年的时候考验来了：当关于同性婚姻的法律终于到了联邦议院批准的时候，默克尔宣称议员们的投票有意识和道德的自由，这实际上是给了该法案的通过一个起跑信号，即使基民盟/基社盟是反对的。她后来说自己也投了反对票。这真是天才之举：全世界的新闻头条都给了默克尔。而社民党人却费了很大力气才让自己被承认是该法案的合法持有者。

格特鲁德·赫勒犀利地说，这是“M体系”。实际上，关于去掉传统上属于其他政治领域议题的极度轻率，这并没有太多的涉及，它也不只是有关竞选活动中的策略，而是还涉及了一种可能指向逐步抽空政党的长期战略，要当心，是所有的政党，包括她自己的政党。赫勒写道：

> 长期以来，对于这位女总理来说，她与哪个政党到达政府之位已经无关紧要了。她在政治生涯中长久渗透的一个概念，就是让其他政党逐步失权。

这是一种主题的“转移”，赫勒这样定义。对于“安吉”来说，巨大的欧元危机代表了向顶峰，向自身形象的国际化的决定性的推动，也代表着像她所想的那样，与各个政党相比而言，超越国家的自我呈现的可能性。那就需要把德国议会推向超越政党的、适用于所有人的决定。重要的是在选民的头脑中存在一个模糊不清的健康市场经济与“价值缅怀”的混合物。

从这个意义上来说，在基民盟内部极少有针对默克尔的批评，只有一些轻微的抱怨之声。基民盟在萨克森州的党团领袖斯特芬·弗拉特说：“这位女总理的总统式的风格，使党不再强大，而是越来越弱了。”其他人过去也疑惑：“在政治中，难道不需要竞争？”这都不重要，她才是考验，她才是集中了所有那些有时需要驱动力的人。难道没有人说过她是“变色龙总理”吗？有时她是保守的，有时是自由主义的，有时有一点像社民党人，有时又像基督徒，根据当时的需要而变化。在这种情况下，伦理道德只是为了使政治活动流畅，关键问题变成了主题的波动和选民的持续激动。

从第一届大联盟起，就已经开始获取同盟者的议题，如果成功，就作为“基民盟制造”重新兜售。社民党的选民是主要的狩猎目标，自民党的自由主义者也抛头露面，他们总是越来越无力，在这个瞄准器中还有那些在投票时偏爱绿党的选民。事实上，最深刻最渴求的目标是另一个：海量的非意识形态流动选民。他们在各个政党之间徘徊，容易听从建议和被挑唆俘获。关于这个问题，赫勒大胆地作了一个也许出人意料但不乏合理性的分析。政党之间界线的逐步消失——逐步是为了不使之显得太引人注目，匍匐前进，并且使这种界线的消失在全球化和后现代的当今动态中显得是天生固有的，而这种消失不是规定的、受欢迎的或是预期的——是一种中央集权模式的“回归”，在这种模式下，所有的党的利益都被卷走并且只由最高级别，也就是它的顶峰经营管理，结果其他级别的人，在某种程度上感觉被免除了一切责任。这样的一种回归实际上是奔向了曾经统治着民主德国的思维模式。因此最后，问题不是基民盟是否“真的”是安格拉·默克尔的政党（内部也有人小心翼翼地提出过这个问题），根据德国人投出的选票以及他们回复的民意测验，他们表现出早已经明白这个问题了。默克尔与她的政党是两个不同的世界（“我不是一个保守主义的人”，默克尔喜欢重复这句话，这不是随意说说而已），而且当论及基民盟时，她经常表现得不怎么“兴奋”。更确切地说，问题应该是“这位女总理以她这种新的执政方式，是否就是一种后民主时代政府剖面的原型，这是直到现在她的追随者和她的政敌都没有理解和明白的事情。”

也许这并不是格赫勒所称为“M 体系”的极端主义表现。不仅只有被财政紧缩的勒令打击的那部分人开始思考这种现象的深刻本质，一些德国的社论撰写人、杂文作者和政治学家也不约而同地进行了相同的分析。《明镜在线》的作者雅各布·奥格斯坦将默克尔与撒切尔夫人进行了对比，写道：

> 安格拉·默克尔是一个激进派，但是她的激进在其无限的实用主义之中。她完全准备好了作最令人意外的转变，但是她仍然忠于自己的内心活动。因为她内心的罗盘总是指向下一个目标。

结果，说得不那么坏的话，就是欧洲处处都变得日益小心，谨慎多疑。就像人们看到的，在接下来的几年中民粹主义、极右势力，以及阴谋论者，“反疫苗主义”和其他类似的现象都出现了指数倍的增长和扩散。在德语世界中，不止奥格斯坦这样想：“欧洲正在毁掉民主。”瑞士的周刊《世界周报》写道，它暗指的是默克尔，而不是布鲁塞尔方面。赫勒说，“默克尔发展了一种独裁专制体制”，“这就像一个服装用品店，无效的产品被排除在列表外，而那些更有用的有竞争力的产品被复制”。《新苏黎世报》认为：“欧洲的德国化取得了很多进步。”默克尔则总是说她希望“更欧洲，而不是不欧洲”，这是任何人都会同意的事情。《世界周报》补充说：“但是那应该是一个由德国领导的欧洲……因此她致力于一个欧洲联盟。”这个联盟的基本条件是，她是主宰者，那个滕普林的牧师的女儿。这一现象的关键是在欧元危机那几年的紧缩政策，而2015年的移民政策，2020年重大疫情中的“恢复基金”（后面会补充讲到）也将是关键。

“那位长着‘分叉舌’的德国总理”，社论撰写人克里斯朵夫·斯文尼克在《明镜在线》上这样称呼她。“不需要是诺贝尔经济学奖获得者或者是那位女总理的顾问，只需要瞥一眼默克尔的政策就能明白有一些不一致的地方。那位总理用她的‘分叉舌’说话，采用两种负担和两种考量。她的政策似乎是追随了那句至理名言：‘面包给世界，但是香肠留给我们！’”斯文尼克记得，当大危机开始威胁到德国时，默克尔插手国库拿出了15亿欧元，用适当的汽车报废补贴来保护德国的汽车工业免于卷入危机的漩涡。50万辆汽车在废品场报废，差不多60万辆新车被售出，每一辆被出售的车都享受国家2500欧元补助。于是德国的四轮车就这样脱险了。同时，德国政府还提出了一个500亿欧元的支持建筑行业的方案。直到现在德国还在不断地建筑房屋、街道和大楼。但是，谁知道为什么，同样的逻辑多年来都没有在那些正处于水深火热中的欧洲其他国家实行。

支持默克尔的史蒂芬·科内柳斯也说：

> 默克尔给这块大陆开出了一个剂量过大的药方，也许连德国也不能承受，同时还进一步押注。此次危机来势汹汹，使欧洲较为脆弱的国家战栗，而德国由于低利

率、增长的经济实力以及对高层人才的吸引力，仍然在此次危机中获益。这一方面使默克尔在欧洲如此强大而强权。

然而批评意见越来越多，态度也越来越坚决，尤其是那些来自于经济学者阵营的批评，但大部分完全没有被采纳。比如努里尔·鲁比尼的意见：“这里需要的是一个增长协定，一个为了增长的协议，而不是财政协定。需要一个给那些雇用年轻人的公司长期低息贷款的欧洲方案。”或者是乌尔利希·贝克的哀歌：“没别的，只能承认紧缩政策是一个灾难。不幸的是，正是德国政府表现得不实效，就像它想表示只有新教徒和北欧人知道怎么经营管理经济似的。”还有：“欧洲就像一辆魔幻的汽车，用奇妙的镀铬精心制造，但是忘了装刹车，它疯狂地向前飞奔，并且除了所有的悲观想法，没有人能够预见到它将是怎样的结局……当然财政紧缩有好有坏。团结一致意味着民主，一个国家，即使像德国那样强大和受尊敬，也不能够决定另一个国家的命运。我们就拿希腊来做例子，多边主义变成了单边主义，平等是霸权中的平等，主权也成为附属。一个国家的尊严哪儿去了？甚至连法国现在的级别也有争议，它要殷勤地服从德国的调遣。”

赫勒试着做了不留情面的最终总结（这也让我们明白了他的书为什么在2012年引起了论战）：“M体系建立了一种权力扩散的沉默的变体，而德国在这种外表下从来没有意识到这一点。即使不能否认其音韵和谐，21世纪的独裁专政也为政治风格提供了另一些经验：政党的逐步边缘化，取自政敌方并且掌握在那个女王手中的混合主题，以及对于与议会，与宪法担保者，与权利世界和道德标准关系的漠然。”从这儿出现了一种政治主张，就是在那种超人的伟大领袖的自我扩张中，竭尽并且抽空政党的权力。这是一个漩涡状的现象，然而荒谬的是面对新的全球不稳定性（这些不稳定性打着特朗普或者新冠肺炎疫情的标签，反正都没差），她每一次都可以在貌似失去先机的情况下重新找回自己的中心地位。

第八章

CHAPTER 08

默克尔和贝卢斯科尼、蒙蒂、普京、萨科齐及特朗普的关系

她蔑视贝卢斯科尼和普京的大男子主义态度，
也对尼古拉·萨科齐的矫揉造作感到气愤，
但不管怎样，在那臭名昭著的“默科齐”时代，
她还是与萨科齐扮演了“夫妇”的游戏。

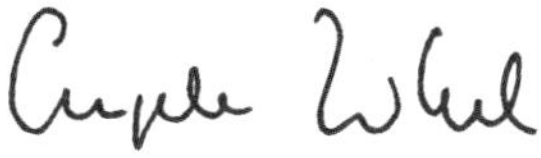

“A nightmare”，一个噩梦。谨慎的路透社这样写道。这是指西尔维奥·贝卢斯科尼，而那些令人不安的梦，则是指安格拉·默克尔。有猜想认为，这位“骑士”[1]被毫不客气地撵走之后，可能会回到基吉宫，这没少让德国政府担心：“一种恐惧正在加剧，就是这个身负无数丑闻的商业巨头会再一次占据舞台的中心，使罗马方面授意的改革之路陷入危险境地，还威胁到了欧元区从债务危机中复苏的尝试。”我们现在在2013年2月底，意大利大选前的几个星期。路透社不仅强调了“投资者们斥责贝卢斯科尼及其政党将意大利——这个欧元区的第三大经济体——推向了债务危机”，还强调意大利前总理和默克尔“完全就合不来，一点也不”。任何风格的反差都“不可能比那个巴洛克式的意大利人和中规中矩的默克尔之间的反差还要大，前者热衷于整容和头发移植，后者成长于共产主义的民主德国，现在仍然会在当地超市购物”。

注意到那些英国和德国的评论员们是带着怎样的冷漠来描述

1. “骑士”指贝卢斯科尼，他于2011年被迫辞职。基吉宫是意大利总理府所在地。——译者注

贝卢斯科尼

意大利的某些放纵和无节制，这总是有教益的："为表明这两人之间的敌意有多深，媒体报道了贝卢斯科尼对默克尔的外表所作的一些不怎么讨人喜欢的评论，那是被侦察员监听到的一通电话的内容，当时正就他与一些妓女可能存在非法关系的问题进行调查。"这个报告提到了那句著名的但从未被证实的"紧锁的肥臀"的戏言，众多新闻网站、电视台和报刊都在这句话上绝望地冥思苦想，想找到一种委婉的方式，在不揭露那些不能公之于众的言语的情况下，使人们明白这句戏谑语的含义。路透社补充道："贝卢斯科尼因为偷税而被判刑，现在他又因为曾经与一个未成年妓女有过性关系而被起诉。他恰恰就是默克尔的反面，她是新教牧师的女儿，曾是物理学家并且被政敌戏称为不修边幅的女人。"

显然，就像她的习惯一样，默克尔一开始对意大利大选没有作何表示。她更愿意把德国外长韦斯特韦勒推到前面，韦斯特韦勒说："无论是谁组建政府，我们认为重要的是保持欧洲主义的进程，并且继续进行必要的改革。”但是渐强音已经发出。德国总理的发言人斯蒂芬·塞伯特证实，若关于此还有疑问，韦斯特韦勒的观点是德国政府一致认同的观点。在基民盟的阵营中——基民盟与意大利自由人民党都是欧洲人民党[1]——关于贝卢斯科尼的那些观点还要突出，“如果他赢得了大选，改革就危在旦夕了。对于这个国家坚实可靠性的怀疑将会给欧元带去一系列后果”，基民盟的经济专家们这样说。鲁普雷科特·波伦茨，基民盟的突出代表，在联邦议院的外交事务负责人，补充道：“这也是一个信任问题。眼下关于贝卢斯科尼的诉讼不可能不对他的政治信誉产生消极影响。”尽管仍旧保持在“政治性的正确”的范围内，柏林方面还是决定进一步高调行事。还是韦斯特韦勒说：“我们不会接受德国成为一个民粹主义竞选活动的对象。德国和欧洲都不是意大利现在困难状况的始作俑者。”这个影射是很明显的，他就是在说西尔维奥·贝卢斯科尼。默尔克更偏向于马里奥·蒙蒂[2]，这对任何人来说都不是一个谜，至少从危机开始激化时就是如此。终于她表态了，她的表态几乎变成了一种向意大利人的号召，对别的国家的竞选发出号召，这当然不是一件惯常的事：

> 我支持蒙蒂做出的改革。我确信意大利人民会为了留在这条道路上而投票给他，这条路让意大利境内的投

---

1. 欧洲人民党，欧洲共同体各国的基督教和天主教政党的联合组织。全名欧洲人民党（基督教民主党）和欧洲民主党［European People's Party（Christian Democrats）and European Democrats］；旧称基督教民主团体（Christian Democrat Group, 1953 ~ 1979）。——译者注
2. 马里奥·蒙蒂，意大利著名经济学家、教授、政治家。他在贝卢斯科尼辞职后，曾担任过意大利过渡政府总理。现任米兰博科尼大学校长。——译者注

资者们重拾信心。

西尔维奥让蒙蒂政府垮台这件事着实让柏林方面大为光火。对于默克尔来说，不可忍受的是对于突发的信贷息差的粗枝大叶的态度，贝卢斯科尼曾毫不犹豫地将之定义为“德国的一个阴谋诡计”的重建（也就是说柏林会向“所有的银行”下令出售意大利国债，激起一种多米诺骨牌效应……大量的否认和辟谣随后到来）。西尔维奥不仅是一个形象生动的人物，在施普雷河一带他已经被视为一种公共危险了。

形势就是这样。还应该说一点，默克尔和这位骑士之间的关系是一个在21世纪改头换面的欧洲的典型体现。贝卢斯科尼和默克尔完全对立，但是他们是在同一种现象中的对立，那就是政治人格化，这有损于稳定民主的平衡性。当然，在人类学、龙勃罗梭理论[1]、本体论以及文化层面，两人都存在分歧，尽管有好几年他们都不得不上演着互为好友的戏码——更多的是因为西尔维奥的开朗充沛，而不是因为安格拉的癖好，这是真的。亲吻[2]、学杜鹃的咕咕声，总之就是这一类的蠢事（当默克尔和其他首相们一起站在红毯的一端，越来越焦躁地等待着迎接贝卢斯科尼，以开启北约的首脑峰会时，他却不知道跟谁打着一通神秘的电话，这都不是新鲜事了），就是那样的风格。再想想2008年的那个八年

1. 切萨雷·龙勃罗梭，是意大利犯罪学家、精神病学家，是刑事人类学派的创始人。——译者注

2. 这里的亲吻以及后文的亲吻，均指西方人的一种习惯性的贴面礼，在关系亲密的人之间见面或者道别的时候，互相贴脸颊并微微地亲吻一下，以示友好亲近。——译者注

级水平的小玩笑。在的里雅斯特的首脑峰会上，当时的意大利总理从一个大雕像后面跳出来迎接默克尔，嘴里说着那个已经成为传奇的“咕咕！”她吓了一跳，反应道：“我的天，西尔维奥！”然后用一个可爱的微笑和亲吻给这个玩笑润色一番。在之前的G8首脑峰会上也是如此，他带着一个非常冒失的礼物出现了：一块肥大的色拉米香肠。这不是玩笑，那上面还用一条三色带[1]打了一个蝴蝶结。那一次——由于她固有的新教的严肃，她觉得很尴尬——她仍然决定配合一下游戏：“我没有别的礼物给你，只有好话和一个吻。”于是她给了他第二个小小的吻。

但是，就像我们看到的那样，这种“咕咕外交”（记者们这样给它命名）并没有持续多长时间。在危机最紧要的阶段，那些几千亿的一揽子救援计划依次通过，2011年，贝卢斯科尼谈论并重申说，在意大利饭店满是客人，经济形势良好，而且欧洲其他国家都非常仰慕这一点，默克尔对此却不再装出好感。她要求迅速实施商定的措施。看不到另一方必要的反应，她非常不耐烦。甚至，当她发现那位亿万富翁总理已经从罗马销声匿迹差不多23天的时候，她与萨科齐商量，她给美国总统打电话，最后给意大利总统纳波利塔诺打了电话。总之，贝卢斯科尼正式下马了。从那之后，默克尔竭尽全力避开他。在某峰会，如果西尔维奥下榻某宾馆，安吉无疑会想住另一个宾馆。而那位骑士还试了一下用自己的虚构维持两人的关系。比如2012年向《图片报》投稿——他当时已经不再入主基吉宫了——他试着勇敢地说了一句，“我与默克尔女士的关系非常衷心而亲切，我尊敬她的坦率、严肃和能

1. 三色带是指绿白红三色，是意大利国旗的颜色。——译者注

力”，但是被退了回来，连同重大的失利。德国总理的发言人冷冰冰地回应：“当贝卢斯科尼不再是总理之后就不再有联系了，因此不可能存在什么衷心而亲切的关系。”就像人们所知的那样，这件事在公众眼中就是，那个草签[1]了该骑士从政府官员的圈子中退出的人物形象闪耀一时。据说，在一次新闻发布会上，她只需要一个微笑和向萨科齐投去一个讽刺的眼神，就能够让贝卢斯科尼出局并且让意大利停靠在蒙蒂教授令人安心的怀抱里。

关键是西尔维奥自己认为默克尔是导致他下台的真正负责人。这不是偶然的，2012 年末，当那个自由人民党（那时还不是意大利力量党）的领袖[2]在决定是否参加新的大选时，他的思维本能地奔向了默克尔：“他们想阻止我再次被提名为候选人，但我不会让自己被欧洲起诉。我要去当面告诉默克尔这一点，我不会让自己被驱逐。”这是一些报刊对西尔维奥的发泄的重现。“贝卢斯科尼觉得被控告了”，报刊写道，当欧洲人民党的首脑们在默克尔的指挥下开始施诡计捣乱，以将他排斥在他们的集会之外，他觉得自己也处于欧洲的控告下。由于反欧洲的腔调，由于与一个像北联盟[3]那样公开排外的政党的关系，由于向民粹主义发自内心的倾斜，贝卢斯科尼和他的自由人民党受到了指控。就西尔维奥“这

1. 缔约国代表在条约草案上非正式地签署自己姓名。草签后有待各自政府同意并正式签字后条约才有效。——译者注

2. 自由人民党的领袖是指贝卢斯科尼。自由人民党在 2007 年开始运作，在 2009 年意大利力量党和民族联盟合并的党大会中正式成立。——译者注

3. 北联盟全称为 Lega Nord per l’indipendenza della Padania，常写作 LN，是意大利的一个政党。——译者注

个人”来看，他为墨索里尼辩护开脱[1]的那一天，不仅被认为是对历史的凌辱，也是对德国无法接受的攻击，尤其是那段关于“意大利没有与德国相同的责任”的言论，被理解为严重地影射了当下的情状，就是那一系列“德国人已经把我们拽入深渊了”的言论。一个重要的政客，一个政党领袖以及政府的前任首脑，诉诸那些至多能留在暴怒的广场上的话题，这在柏林方面看来显然是一件严重的事。他们就这样筹划起了贝卢斯科尼认为的“大阴谋”：从欧洲人民党中开除了这位骑士，而其自然的结果——多亏这个“阴谋”中意大利的对手——就是在欧洲议会中一个新的蒙蒂团队的诞生。一切都由默克尔机智地操控，就这样她设法向自己的选民们表现出对贝卢斯科尼的损害毫无责任，至少一些意大利的社评员是这样理解的。

不管是不是真的，贝卢斯科尼的愤怒是可以理解的。在 2012 年 6 月的欧洲理事会上他被忽视了，国家和政府的首脑们正在给他穿小鞋，至少他是这么看的。“他是一个民粹主义者”，这是他们最喜欢说的一句话，而且你看，“民粹主义”也是马里奥·蒙蒂喜欢在他的欧洲同事们的面前喜欢重复的一个词，就是这么个情况。“就因为我批评一个把欧洲带向衰退的政策，他们就说我是反欧洲的，这是一个耻辱。”骑士叫喊着。他看到自己被指控为造成信贷息差的恶棍，证券交易的拆毁者，公共价值的掘墓人。2013 年 2 月的意大利大选又重新把这所有一切作了赌注，直到那时故事就是这样了。一边是被排挤的贝卢斯科尼，另一边是

1. 这是指 2003 年 10 月，贝卢斯科尼在接受英国《旁观者》杂志采访时，不惜为二战期间意大利的法西斯独裁者墨索里尼辩护：“墨索里尼从来没有杀过任何人。他只是给那些流放的人放假。”此言一出，就连他的支持者和盟友也感到非常尴尬。——译者注

默克尔。

默克尔通常是沉默的，而贝卢斯科尼不接受。从 2011 年开始，当不是骑士表态的时候，那些亲近他的报刊就想好了要向德国“舷炮齐射”，并且越来越吵闹，越来越无礼，就好像默克尔会在那些媒体的操作下被拖下水似的。那些媒体的活动方式与他内部的任何政敌的方式相同，比如意大利众议院议长詹弗兰科·菲尼或者《前途报》的负责人迪诺·伯福。有一次，《自由报》在头版将默克尔画成了带着希特勒胡须、穿着纳粹党制服的形象，这已经不是独创的了，而西尔维奥则被画成了将棒球棒举至双肩准备好出击的样子。2012 年，当意大利足球队战胜了德国队时，由毛里奇奥·贝尔皮耶德罗任社长的日报的开篇标题就是“雅致”[1]的《去你妈的默克尔》，而《日报》（贝卢斯科尼旗下的日报）则用了一个“更有分寸”一些的标题：《再见了肥臀》。不仅限于专门的政治主题，当让·弗雷绍尔在《明镜在线》上就歌诗达协和号游轮[2]对那套德国人和意大利人互相纠缠的陈词滥调讽刺一通的时候，《日报》发表了一篇题为《我们有斯凯蒂诺，你们有奥斯维辛》[3]的文章。社长亚历山大·萨鲁斯特在他的社论文章中大放厥词：

---

1. 原文 Vaffanmerkel 是非常粗野的脏话，此处的“雅致”满含了作者的讽刺意味。——译者注

2. 歌诗达协和号是意大利的一艘豪华游轮，于 2012 年 1 月 13 日在意大利海岸触礁沉没，造成至少 32 人死亡。——译者注

3. 斯凯蒂诺是歌诗达协和号游轮的船长，事故发生时在乘客完全疏散前就弃船逃生，后被捕。奥斯维辛是德国纳粹集中营，有“死亡工厂”之称。——译者注

普京的狗吓到了默克尔

是的，我们意大利人就是这样，不太遵守法律，既不遵守航海的法律，也不遵守种族的法律。而德国人在这一点就比我们强很多。我们曾看着德国人在我们的城市里所做的一切，他们遵守命令向女人和孩子开枪射击，通常是从背后攻击。

然后他得出这样的结论：

这些德国人仍然傲慢自大且对欧洲来说也仍然很危险。如果上帝希望炮火声不再响起，货币的武器也一样危险。因为这，我们不应该感到羞耻。我们的确是有一个斯凯蒂诺，但是谁也不会把他们的奥斯维辛集中营抹去。

在2013年，《自由报》再一次将安格拉·默克尔画成一个用巨大的臀部坐在马里奥·蒙蒂身上的形象，以讽刺意大利在这位教授的政府执政时期被德国“压榨”。

这些行事格调被称为“污泥机”，它们明显地划出了贝卢斯科尼和默克尔之间永恒的距离。这不是偶然的，在很多讲述安格拉·默克尔人生及其事业的传记中，一次都没有提到贝卢斯科尼，或者只是提到一些令人尴尬的片段而已。

然而，从某种角度来说，他们两人本应该可以互相理解的。尽管两人的方式和结果都如此不同，但领导者的超凡中心性是安格拉和西尔维奥的共同点。两者都把政党视为不稳定的、有时根据优先需要可以改变的信息容器；两者都偏爱选举产生的议会并且逐步抽空其禁止权；两者都能迅速地理解甚至能够预测公众的情绪；两者都有一种让对手出其不意，在对手意料之外改变游戏规则的天赋；两者都有“催眠”各自的中派、左派反对意见的能力；两者都能使自己保持在政府领导者的位置，超过了其他欧洲领导人的平均值，这不是巧合。在个性和风格的另一边，两人最重要的区别在于贝卢斯科尼主要以意大利的方式思考，而默克尔则以全球性的角度思考。是的，尽管仍然是欧洲，但她感兴趣的是一个向德国倾斜的欧洲，并且她不喜欢证实德国的影响范围正向东扩张（但这一点我们之后再说），这也是因为对于一个在社会主义世界度过了人生前三十五年的女人来说，总有些明显的陈词滥调。

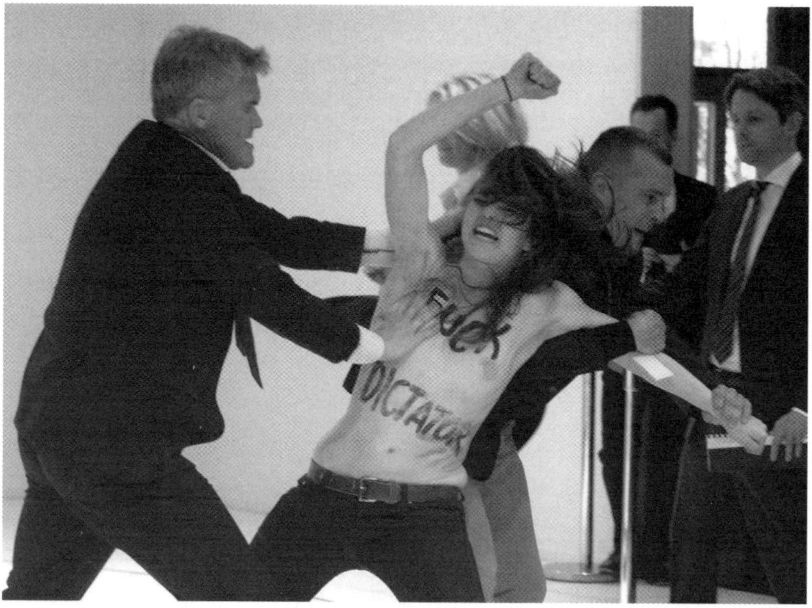

默克尔、普京遭到“费曼”成员裸身抗议

昔日的克格勃[1]中校弗拉基米尔·普京是另一个让安格拉·默克尔产生感情反差的人物。应该说，不是他本人，而是他所代表的俄罗斯。这位德国女总理从来不掩饰自己对它的热爱，她总是非常关心对俄政策的制定，尤其是经济方面的政策。至于那位俄罗斯总统，史蒂芬·科内柳斯将默克尔与普京的关系描述得就像是“一对结婚多年的老夫妇，彼此都预见并且提前戳破对方的诡计和手段，而每一句话都已经听到过一千遍了”。他们两个人在面对彼此时总是小心翼翼。而默克尔的小心谨慎是有理由的。

有两个关于狗的故事。

1. 克格勃即苏联国家安全委员会，是 1954 年至 1991 年苏联的情报机构。普京大学毕业之后曾加入克格勃，在列宁格勒区工作。——译者注

2006年，在她第一次访问莫斯科政府领袖的时候，普京在克里姆林宫接见她时手里拿着一只布做的狗，这是给那位尊敬的来访者多么可爱的礼物。只可惜安格拉讨厌狗，他知道这一点，她也知道他知道。他喜欢狗，她讨厌狗，至少害怕狗。1995年当她在乌克马克骑车郊游的时候，被邻居家的猎狗袭击，她的膝盖被咬了，不得不去医院，从那以后她就害怕狗。十一年后在克里姆林宫，故事的结局是默克尔的一个外政顾问，由于他没有注意到那个双色的假的小动物从总统府的秘密房间“溜出来”，他不再出现在女总理的眼前。

2007年，普京正在他位于黑海沿岸的宅邸接待客人们，当他突然打开门，一只体型庞大的黑色拉布拉多风风火火地闯进了房间，它的名字叫科尼（是一位上将送给他的）。它嗅了嗅惊惧不已的德国总理，然后就在她的脚边躺了下来。这一幕就发生在摄影记者面前，她表情麻木，几乎僵硬在沙发上，脸上带着一种紧张的怪异的微笑，而那位克里姆林宫的头儿则双腿分开，带着一种从来没有过的满意的表情，或者说是一种奸笑。根据一些媒体的报道，默克尔愤怒地走出了房间。美国《外交政策》杂志毫不犹豫地将普京的态度定义为一种“恫吓”。据说，这位俄罗斯总统还开玩笑地对她说：“它不会伤害你的，这只狗喜欢记者们。”从那以后，默克尔向她的工作人员下令，她所有与普京的洽谈会面都不允许以任何方式出现普京那些体积庞大的四条腿的朋友们。

据说这两人之间的会面也可以非常契合，是真正的较量。根据同一个剧本，常常被重复的是两人的决斗。这没有什么可惊讶的，他们之间的共同点也比人们想象的要多。普京和默克尔以他们自己的方式呈镜面对称，从所谓的铁幕背后共同的出身开始。

他们是同一个年代的人（他只比她大两岁），弗拉基米尔曾在德累斯顿生活了五年，而且德语说得很好，安格拉曾多次去过莫斯科并且能说一口流利的俄语。她成长于一个距离苏联基地只有几步路的地方，他曾在克格勃任职。他们了解彼此的用语和癖好，他们将一些带着共同的历史特征的历程内化。就连他自己也强调了这一点，当他荣幸地公开表示对于默克尔通晓俄语的“惊讶之情”时，他说：

> 她一定在词汇上吃了不少苦，因为要学一门外语就应当每天练习，就像是学一件乐器。如果她回到俄语的环境，她的俄语会很快地变得流畅起来。良好的私人关系总是在工作中有所助益。默克尔夫人与我保持着非常

“默科齐”[1]

1. 国外媒体将默克尔与萨科齐照片合成“默科齐”。——译者注

马里奥·蒙蒂

好的沟通联系。她曾经在民主德国生活过的事实不会妨碍她，相反，会帮助她。来自于欧洲东部地区的人们有同样的思想和观点。

然而将他们分开的是“墙塌以后”的时段：苏联解体的那段时间他过得很不好，甚至开始认真考虑要适应在列宁格勒开出租车的工作；而她呢，正如我们知道的那样，她突然爬上了权力的顶层。但是，在几年之内普京就弥补了他失去的那些时间，这也得益于那些后来不知道为什么被迫流放的寡头。另外，这位俄罗斯的总统也说了“想要重建共产主义的人没有脑子。不为共产主义痛惜的人没有心”。德国总理默克尔永远不会说类似的话。

在那些异常艰难的洽谈中，他以表现得像一个克格勃的特工为乐（这或许是一种条件反射？）：先是提高音量，然后用一种使人信服的方式慢慢地说，最后用一种原始粗野的方式做着手势。

她了解他，她知道这个保留节目，因此她表现出这样。科内柳斯写道，2007 年在黑海参加首脑峰会的与会者们讲述了一个可作典范的默克尔形象。她总是非常平静，在精确地展示所有的数据、数字以及她研究过的文件每一个细节时都非常有信心。另一方面，默克尔也非常清楚怎样刺激那位昔日的中校。2006 年，在她第一次以德国总理的身份访问莫斯科期间，她不仅决定与一群对普京政权持不同政见者以及反对者会面，一起小酌一杯伏特加，而且认同"我们知道民主就在于有分歧的意见相互碰撞"，并拍拍他们的肩膀，她还继续挑拨普京，催促他尽快就安娜·波利特科夫卡娅[1]被谋杀的事情作出说明。

2013 年 4 月，默克尔在汉诺威接见俄罗斯总统，那场竞赛并不容易。在桌上放着非政府组织的卷宗档案，还有没完没了的关于人权的话题，除此之外，还有来自"费曼"[2]的女权主义代表的"攻击"，她们设法通过了所有的安保然后裸露着胸脯猛扑到距普京和默克尔仅一步之遥的地方，同时高叫着"去你妈的独裁者"（fuck dictator）。普京说了几句含糊的带有性别歧视的话来让自己摆脱窘境，默克尔则很尴尬地舒了口气。但是真正的烫手山芋是另一个。俄罗斯当局不久前搜查了圣彼得堡的德国基民盟的智库阿登纳基金会，以及莫斯科的弗里德里希·艾伯特基金会，它与德国社民党相关。指控是，这些基金会是"外国特工的巢穴"，而搜查的意义在于"控制那些在内部从事政治活动的团体的来自国外的资金流"，就像意大利《晚邮报》报道的那样[3]。显然她不能把这些议题摆上桌

1. 波利特科夫卡娅是俄罗斯著名战地记者，后被枪杀。——译者注
2. 费曼（FEMEN）是乌克兰女权主义团体。——译者注
3. 整个事件是指在 2013 年 3 月发生的俄全境彻查外国特工的行动。——译者注

面来谈，但争论的真正基础是那 740 亿美元以及 2012 年两国之间的贸易总额。另一方面，为表明自己有多么重视德国，普京接受了德国电视台第一频道的采访，在采访中他肯定美国有一个与在俄罗斯现行的法律“相同”的关于非政府组织的法律，但对于默克尔来说，普京独断专行的姿态和在镇压中下的狠手，以及他对欧盟方面和来自布鲁塞尔的任何举动表示出日益增长的生硬严厉，都代表了一个大问题，或者说至少是个大麻烦。

默克尔执意想加强与俄罗斯的经济和商业关系，这有无数的理由。两国的互利是非常显著的，且这些利益在最近几年成倍增长。比如德国所需的天然气和石油的 40% 由俄罗斯供应，而在俄罗斯境内则活跃着超过 6000 家德国企业。在经贸方面，莫斯科总是很热烈，但同时在政治的所有方面都保持着一种冷淡的距离。普京不喜欢政治性的干涉，显然柏林方面总是看向莫斯科，而且越来越看向莫斯科。当你到达德国首都机场时，你经常听到的第一语言是俄语，而不是德语。

不管是不是普京执政，安格拉都热爱着俄罗斯。她了解这个国家的南部地区，她曾经一直旅行到高加索。她对于俄罗斯的史诗召唤非常敏感，她喜爱托尔斯泰和陀思妥耶夫斯基，她总是强调说契诃夫和屠格涅夫的语言是多么“甜美的忧伤”，她满怀好感地回忆在民主德国度过的青春岁月里，那些驻扎在离她家不远地方的苏联士兵们。也是由于这种感情，她在一些场合中倾向于完全亲俄的立场。就这样在 2008 年，默克尔坚决反对美国为了使格鲁吉亚和乌克兰加入北约组织而施加的压力。在布加勒斯特举行的峰会上，“是默克尔拒绝允许这两个不稳定的国家加入所谓的成

萨科齐和默克尔

员国行动计划”，科内柳斯记述道，“这位女总理介入，尤其是关于格鲁吉亚，在那个地区有太多没有解决的冲突，有太多战争的风险，民主极不稳定。格鲁吉亚总统米哈伊尔·萨卡什维利的形象直到现在也只是一个白宫的朝臣。”她真的很不喜欢他。她的朋友小布什不高兴了，她的对手普京感谢她。顺便提一句，格鲁吉亚被视为中亚的入口，众所周知它有着丰富的资源，北部有一部分与俄罗斯相接，一部分紧临黑海，那儿还有从格鲁吉亚独立出来的阿布哈兹，那里满是俄罗斯的导弹。那就是一个战略地区。

不管怎样，回到这个由那些差不多决定了世界的大部分命运的男人们组成的散发着雄性荷尔蒙的团体，安格拉·默克尔知道怎样让自己显现价值。她蔑视贝卢斯科尼和普京的大男子主义态度，也对尼古拉·萨科齐的矫揉造作感到气愤，但不管怎样，在那臭名昭著的“默科齐”时代，她还是与萨科齐扮演了“夫妇”的游戏。但是没人说过她偏爱马里奥·蒙蒂的教授格调，那微微带一些自负的味道。当然，当那位昔日的欧盟专员[1]来到基吉宫的时候，柏林的左右派都明显地松了一口气。可靠，可信，稳定，严肃，他有那些重新整理欧洲“家庭作业”和修复“保持承诺”缺口所必需的所有条件，没有人掩饰对这位新总理的偏爱。应该说，这似乎是一场社交游戏。突然，意德关系迎来了一个新的春天，包括在社会民主领域。超级马里奥甚至还被《时代周刊》追捧，他似乎成为一切症结的灵丹妙药，且“蒙蒂”变成了口令，变成了其他地中海国家从今以后也应该效仿的样式。

事实上，安格拉·默克尔很清楚蒙蒂不是一个容易对付的人。一些内部消息认为，在没有下台之前，贝卢斯科尼在德国总理眼中曾有他自己的优点。只要让他出现在欧洲舞台上，要弄一下放纵的自我，让他在国际舞台上表演一下，就可以让他签署所有的东西。蒙蒂就是另一回事了。默克尔将“稳定”收入囊中，但现在她不得不严肃对待。就意大利（默克尔、索尔夫妇的度假地）与德国之间关系的改变而言，2012 年 6 月 28 日的欧洲首脑峰会是有启示性的。这个故事的标题《默克尔被击败的那夜》(《明镜在线》) 很有暗示性。问题是原则性的：能够获得国家救援基金而不必须屈从于由财政协定规定的过量的管束。马里奥·蒙蒂就像一个民众领袖出现在场景中，他提高音量，让所有人都听到那可能让人掀翻桌子的话。“我们不签署增长协议”，这是他的威胁。这位意大利总理正在玩扑克牌，他知道如果峰会最终化为泡影，

1. 欧盟专员指马里奥·蒙蒂，他曾经担任过欧盟反垄断专员。——译者注

德国总理将会在国内有大麻烦，一个四面楚歌的联邦议院在等着她，她必须使 ESM（欧洲稳定机制）的国家救援基金和财政协定通过和获批。蒙蒂知道德国社民党也想要“增长协议”，他将此视为批准其他所有一切的交换筹码。

重要的是这显示出默克尔不是万能的。谈判几乎持续到黎明，早上 5 点蒙蒂冷静地走出来，胜利地站在摄影机前，他满怀热情地宣布了欧洲杯半决赛意大利对阵德国的胜利，然后宣布了自己对阵德国总理的胜利。从媒体方面来说，这位教授达到了目的，全世界都以《默克尔的败北》为题作了报道，事实上最后的峰会公报并没有明确使获得国家救援基金“简易化”。德国人知道了蒙蒂不是按规矩来的人，这些规矩规定了任何政府领导人在一个首脑峰会没有得出“官方”版本的结论之前，都不能给出自己的解释说明。这显然没用。默克尔也不得不向她的议会党团的每一个人解释说那才是协议的正确（或者说，是德国的）阐释，然而联邦议院仍旧非常紧张。为了使欧洲一揽子计划通过，安格拉急需社民党和绿党的选票，因为在她自己的阵营里有明显的漏洞，这是真的。那个一揽子计划通过了，但是“危机心理”则向前更进一步。在公众的感觉中，“蒙蒂用政治的花剑给了默克尔一击”。实际的结果是相对而言的，这又是另一个故事了。

这个比较异同的游戏显然在尼古拉·萨科齐那儿也行得通。从很多角度来看，这位法国前总统也与默克尔迥异。萨科齐戴着劳力士手表，从塞西莉亚到卡拉[1]，过着耸人听闻的电视剧一般的

1. 塞西莉亚是萨科齐的前妻，卡拉是萨科齐的现任妻子。——译者注

私生活。而默克尔尽量穿得不引人注目，她喜欢在树林里孤独地散散步，她一点儿也不会透露自己的家庭生活。萨科齐带着电影中英雄人物的气场到来，而默克尔扮演着生活中那个无聊的但是有一火车皮道理的母亲角色［这样的姿态让她在国内得到了“妈咪”（Mutti）的绰号。每当这位女总理有风暴气息的时候，她的同事们就说“妈咪生气了”］。萨科齐5岁的时候被父亲抛弃了，他的父亲去了美国，而默克尔则有一个过于干预生活的父亲。萨科齐让人把自己家人的画像做成黑白色，就像肯尼迪一家那样；当默克尔被问到她丈夫是怎么和一个当总理的妻子凑合过日子的，她回答说：“但愿如此”来作句号。

另一方面，这两个人又有很多相同的地方。他们年纪相仿（他只比她小六个月）；他们都是外来人：他是移民的儿子，有匈牙利、希腊和希伯来血统，而她一半的血统源于波兰，生于汉堡，三个星期大的时候就去了民主德国的滕普林并在那儿成长和接受教育。总之，相对于这块古老大陆，他们两人都有“外来者”的自知。还有，两人都在1973年参加了高中毕业考试，并且都名列前茅。他28岁时成为法国历史上最年轻的市长，而她在年龄更大一些的时候就已经当上了部长。他是唯一一个没有上国家行政学院就到了领导层的人（国家行政学院实际上培养了整个法国领导层），她从“乡下”来到了权力宝殿。他们两人都“扼杀”了自己的政治前辈（他“杀了”希拉克，她“杀了”科尔），两人在1998年分别成为自己政党的总书记。在21世纪初，两人都被视为“新人”。只有一个小小的区别，就是她仍然还在位，他已经在历史边缘中结束了任期。

当然还需要考虑一点，就是所谓的“默科齐”政策的本质是什么，即那个在大危机尤其是最初几年引领了欧洲命运的铁一般的契约的本质是什么。尽管他们两人互相称呼彼此的名字（“安格拉”和“尼古拉”）——就连默克尔在总理府的另一个自我，也就是鲍曼来说，与总理互称名字都是不可以的——并且几乎都显示出肢体接触的习惯，但他们内心深处的推动力表现出两种相反的看待事物的方式。对此有一个老生常谈的片段。当萨科齐担任欧盟理事会轮值主席的时候，他让人撤掉了斯特拉斯堡议会的几个转椅。原因是，当总统不需要去演讲台时，通常会安排给他第二的位置。从法国的领导者们那里立刻传来了一个明确的指令：法国总统处在第二的位置是无法想象的。说时迟那时快，他的转椅就正确地被撤走了，于是每次总统先生要去斯特拉斯堡的时候就会这样。这样的一种态度对于默克尔来说是无法想象的。成长在勃兰登堡的一个牧师协会的她，关心的是实质的东西：统治欧洲。

有一个男人与默克尔的世界相隔甚远，但也继续着这种势不两立的矛盾的戏码，那当然就是唐纳德·特朗普了。他们之间的距离简直无法缩短：那个来自民主德国的赤色牧师的女儿，坚信由规矩和语言的平衡所决定的多边世界，行为举止都带着科学家的那种学究气，而 2016 年升到白宫之位的那个曾经的商业巨头，则和默克尔所呈现的一切都截然相反，以至于四年后这位德国总理甚至给了特朗普在国际舞台上从未公开给过的一记最响亮的政治“耳光”。那就是德国总理忠诚的发言人斯蒂芬·塞伯特宣布默克尔拒绝前往美国总统意图在华盛顿召开的盛大的 G7 峰会。联邦总理府的官方理由是新冠肺炎疫情，而特朗普也十分透彻地明白其寓意，于是故意作对一般地宣布要从德国撤军 9500 人，并考虑将这些士兵转移至波兰。

但是，仅仅是在三年前，特朗普在一次采访中还说“我们之间有一种不可思议的化学反应”，这次采访在德国媒体上疯转，通常都是带着公然讽刺意味地被大众接收。这是当然，毕竟几周前在华盛顿，默克尔和特朗普的会面留下了两个关键的印象：首先是特朗普令人难以置信地拒绝了和默克尔握手，而默克尔当时至少说也是狼狈不安的；然后是在一个关于或许由奥巴马政府安排的窃听的问题之后，特朗普说，“看，我们也是有一些共同点的”，默克尔一脸怀疑地看着他。

毫无疑问，在场的摄影师们抓拍到的安格拉的目光将会留在德国和美国的关系史上了。然而，所谓的“不可思议的化学反应”的结果是，这个来到华盛顿的昔日商业巨头没能“征服”德国总理，他也知道了她是一块“硬骨头”，而在柏林人们也带着某种称心如意的想法注意到这一点。在柏林，这位白宫的新房客的“不可预测性”（用这样的外交辞令表示了一种无条件且无转圜的不赞同）是最常谈及的话题之一。在与 2017 年 3 月的峰会相关的文章中，被引用最多的是《纽约时报》的罗杰·科昂的文章，该文表示特朗普在峰会上“表现出了自己最固执而愚昧的炫耀”。实际上，这位美国总统在这些年里对于默克尔夫人的评价——或者说在他还没有来到华盛顿的时候就开始的评价——至少可以说是曲折的。2013 年 10 月，特朗普发推说“默克尔正在做着一项精彩的工作：年轻人的失业率从来没有这么低，而且还有很多盈余”，几年之后，在竞选中他毫不犹豫地将这位德国总理的移民政策定义为“一个灾难性的错误”，甚至还指责（尽管不是直接地指责）她是 2016 年 12 月柏林圣诞集市行凶案的共同责任人。

特朗普的烦恼之一是，按照他的说法，德国在北大西洋公约组织的维系上欠了“巨大数额”的债务。他让他在柏林的人，也就是驻德大使理查德·格雷内尔每隔一段时间就重复提起一遍这件事，这或许是二战结束后美德关系最低谷的时刻的标志吧。格雷内尔的外露和论战的风格给他挣来了一个名声，就是特朗普在欧洲的“公羊头”。但是最轰动的论战就是威胁要终止美国与德国的秘密部门之间的一切合作。如果德国不决定将中国的电信巨头华为排除在5G网络的铺设之外的话，这一报复行为就会付诸行动。然而默克尔总是进行了反击，至少是间接反击了，比如特朗普一再将中国拽入一种持续的“冷战”式的贸易战中的时候，她说北京是一个“战略伙伴”。格雷内尔的攻击十分粗俗，以至于德国总理也下场对战，她反击道，“我们自己定义我们的安全标准”。

在特朗普当选之前，默克尔基本上避免对这位未来的美国总统发表个人的看法和评价，而美国选举之后的第二天，这位“前民主德国的姑娘”强调了与特朗普领导下的美国的关系应当建立在某些“价值”之上：也就是民主，互相尊重，人权和公民权利，言论自由。在那段时间，《纽约时报》抛出了一个从来没有过的头衔——“自由世界的德国总理”。但事实是，在预期理由之外，柏林维持和华盛顿的一种实用主义层面上的关系十分费劲。据《泰晤士报》报道，在面对面的谈话中，这位德国总理不得不向对话者解释了“整整十一遍”与柏林直接签署商贸协定是不可能的：“每一次默克尔都得跟他表示不能和德国签贸易协定，只能和欧盟签。”后来，默克尔女士跟她的部长们说，在关于自由贸易和欧盟运转的问题上，特朗普“缺乏基本概念”。

还有摆在桌面上的其他卷宗里的问题，默克尔和特朗普之间的对比也显得像是两个相距几光年的世界，从文化、性格，还有优先选择上看都是如此遥远。“移民不是一项权利，我们的安全是首要的”，特朗普叫喊着。“保护边境是正确的，但我们也要明白那些从战争和贫穷中逃离的难民，他们对生活的希望应该得到保障”，默克尔回复道。没办法，对于安格拉来说——作为一个新教牧师的女儿，成长于民主德国，至今仍然把去伊斯基亚岛度假看成是个人最大的奢侈——这个拥有特朗普大厦（它的入口像鎏金瀑布）的商业巨头像是从火星上来的一样。德国总理感到如此的无法理解和不安，以至于她不仅在为华盛顿的峰会做准备时仔细研究了特朗普的所有电视出镜和讲话，甚至还认真看了《花花公子》这本杂志。尤其是看了这本男性杂志在遥远的1990年对特朗普的采访，当时这个快四十四岁的男人已经想着要对德国产品征收关税了（显然从梅赛德斯开始），这是一个需要不惜一切代价遏制的商业扩张主义的象征，也证明了一种连贯性，因为现在已经住进白宫的这个男人在别的谈判桌上也不遗余力（你看看美国和中国还有俄罗斯的关系）。再说一个很重要的问题，就是关于自由交易的全球性规则的问题，华盛顿针对德国的大规模贸易顺差反复攻击，据华盛顿的说法，柏林甚至“操控”了欧元的运作。

或许德国总理最终在讲话中那众所周知的“低调”要经历无法避免的艰难考验了。2020年6月，在明尼阿波利斯，非洲裔美国人乔治·弗洛伊德在警察介入中窒息而亡，之后爆发了一系列的抗议和游行示威，美国上下更加风雨飘摇。在德国电视二台的一次采访中，当被问到美国总统在面对这些抗议和游行示威时的角色时，默克尔回答说：“我认为他的政治风格是十分有争议性的。”当那位白宫的房客不停地在推特上火上浇油的时候，德国总理难过地补充说，“美国社会十分极化”。默克尔对任何形式的种族歧视都会进行严厉控诉，她说："我的政治诉求就是让人们团结并且和解。"默克尔似乎非常透彻地明白2020年的风险是什么。在《新闻报》（*Stampa*）记者弗朗切斯卡·斯福尔扎的采访中，德国总理没有玩文字游戏，解释说："我们都知道美国想成为世界强国。如果现在美国自己要放弃这个角色，我们就得开始一番非常深刻的思索了。"换句话说就是：在一个逐渐失去平衡砝码的世界，第一个回应就是一个"新的"欧洲。

第九章

CHAPTER 09

在上帝和瓦格纳（以及妈妈）之间

她以默克尔的名字登上历史舞台，但实际上她叫卡斯纳，
她在柏林墙的废墟上开始了自己通向权力的路，
但她曾经更愿意去蒸桑拿而不是看着那堵墙倒塌。

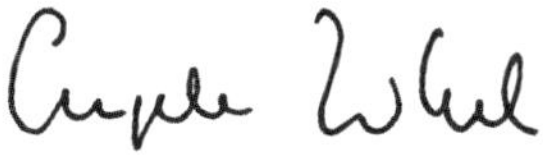

这一次这位女总理处在麻烦中了。她只有三分钟说话的时间，但是她没有准备任何东西。她的周围全是跳舞的年轻人，有个人还叫着“安吉，安吉”，其他的人唱着歌。

我们现在是在德国萨克森州的奥斯纳布吕克，当时是基督圣体圣血瞻礼，人们在庆祝“天主教徒日”。有仪式队伍，有弥撒，还和主教一起在广场绕圈。时间精确定位到每一个瞬间，剪彩，青年集会中心的开幕式，问候和亲吻。她习惯于在发言之前精心准备每一个词。这一次她不得不临场发挥了。她杵在那儿：“也许你们会自问你们应该致力于什么。致力于气候，还是人权？或者你们自问什么职业是正确的……”这是多少不确定和疑惑啊，这位总理叹口气：“我也经历过同样的事。”默克尔在年轻人面前承认，有些决定是真的非常难做，她并不是总是对自己的选择都很确定。然而这就是豁然开朗的顿悟：“我们有上帝！我们有耶稣基督，他向我们指明了能怎样生活。”

发生在2008年的这个插曲在安格拉·默克尔的生活中真的是非常少有的。令人好奇的是，尽管她从2000年就成为基督教民主联盟的领袖，但听到她发表关于信仰的言论就像是沙漠寻水一般。

默克尔

这很奇怪，因为她在该党的事业以及在通向德国权力之巅的过程中，曾担任基民盟福音派工作小组组长一年的时间（从 1992 年 9 月到 1993 年 10 月），况且，她还是一个在民主德国的重要牧师和神学家的女儿，且如我们所知，在民主德国，教会的定位曾有它自己的历史重要性。

但是，安格拉·默克尔内心的信仰是一个雷区。揭露这位总理信仰之路的前后不一太容易了。她说自己是信徒并且遵守教规，但是除了一些“公共”性质的约定之外，很少看到她去教堂。好几次她让大部分基民盟的人气急败坏，因为她采取的立场与基民盟的基督教“根基”并不足够地“连贯一致”。很多次她都难以说服那些重要的人物，使他们相信她考虑过那个大写的 C（基民盟缩写的首个字母[1]）。关于胚胎干细胞有一种非常狡诈的议论，基民盟试图抓住机会在这个问题上打上基督教的印记，默克尔则倾向于支持一种对科学研究慷慨大度的态度。于是她决定将科研部部长、神学家安妮特·沙范（她在 2013 年辞职，因为毕业论文剽窃的原因）推向前。应该让沙范，这个从信仰角度比她更有说服力的人，去陈述支持科研的理由，她还补充说，这是"她政治生涯中最困难的选择"。在基民盟里有很多人都不满：默克尔没有表现出对该党敏感性的充分考虑。"我不属于那些自信知道什么是基督政治的人"，她根据那句"《圣经》不提供政治纲领"的格言，恰当地反驳道。然而，《新教徒》的传记作者福尔克尔·蕾邢坚持说："从来没有一个像安格拉·默克尔那样受神学陶冶而培养出的德国总理。"感谢她的父亲卡斯纳，或许这是真的。为了解释她在议题中的慷慨大度，"安吉"的一些支持者认为，如今，尽管宗教信仰根深蒂固，但如果不以"后世俗"[2]的方式来统治一个国家还是不行的。然而，事后看来，如果我们停留在哲学家尤根·哈贝马斯给出的这个术语的字面意思，这相当于说，从各种各样的扭转意义、实践和含义的角度来说（这些意义、实践和含义是一个后现代和全球化的社会的典型），要先"世俗化"然后再转念头。

默克尔的第二次婚姻是一个有象征性的典型实践。安格拉和"阿希姆"实际上是偷偷地结婚，但他们是以非宗教的仪式结婚的。然而，比较普遍的一种观点是，当时这位基民盟的主席是在

1. 基民盟缩写为 CDU，大写的 C 就是指基督教。——译者注
2. 此处的世俗是相对于宗教而言的，是指非宗教的。——译者注

默克尔与奥巴马

沃尔夫冈·朔伊布勒的紧迫且不停的暗示下，才决定走了这一步。不管是不是真的，事实上之前在基民盟阵营中以及在德国天主教圈子里就有了很多意见，以让那位基民盟的处在上升期的女性领袖不要生活在罪恶中。在 1991 年，一个记者问到关于第二次结婚的可能性时，默克尔干巴巴地回答说："已经有过婚姻的经历了。"但是两年之后，当红衣主教约阿希姆·迈斯纳意味深长地重申说，"在现今的政府中也有一个带着基督教印记的部长没有生活在婚姻中"，默克尔表现出对这种责备的敏感，实际上她立刻跑去了科隆的大主教处，并向他解释为什么"她认为如果一个人已经结过一次婚，就应该对再婚谨慎小心"。但无论如何，这种影射并没有减少，渐渐地默克尔开辟了自己在基民盟内部以及通往政府的道路：她离婚了，没有孩子，在人流、同性恋和生命伦理的议题上过于慷慨大方。总之，越来越多的人吵嚷起来："政党的基督教含量应该更明显，这是可以要求的。"也许是默克尔突然感到需要澄清一点，于是两个人在柏林米特区的民政局仓促地结为夫妇，没有双方父母，没有兄弟姐妹参加，甚至也没有太多的话语和宣言。

总之，很难认为默克尔对宗教体验燃烧着热情。“我几乎每天都祷告”，她对一个采访者说，像是不得不为自己辩白。在别处她重申说：“上帝给我的前景，尤其传达给我极大的谦逊……但自然而然地在信仰和政治之间有一种紧张的关系。”蕾邢认为，默克尔“尤其想要避免的风险是，信仰的资源被政治完全的吸收”，不管她想说什么。仍然还在20世纪90年代的时候，默克尔做了学问，她感到传统的召开基民盟党代会的那种宗教作用已经“疏远”了。显然“如今我以一种不同的方式看待它”，几年后她说，“弥撒帮忙把重要的事情和那些不重要的分开来”。有人带着某种惊讶注意到，默克尔第一次以部长身份对以色列进行的那次访问，在参观基督教的发源地时似乎并没有表现出太多的内心震撼，并且她小心地回避参加可能举行的宗教庆典。另一些人带着不满，表示在柏林的主教堂——离她的家就只有几步之遥——如果不是原则性的场合，至今从来没看到默克尔女士。据说，有人曾在距离她在乌克马克家不远的小教堂里遇到过她几次。是的，她是去乌克马克度假的。当她接受一个老套的采访时被问到，如果被强制留在一个荒无人烟的岛上她会带什么东西，她迅速地说：“是的是的，还有《圣经》。”然后又立刻补充道：“现在的话我还会带一个手机……不过，也许在那儿手机也无用武之地。”这显然不是与精神修行最相关的东西。

然而有必要说明的是，相对于她闪耀一时的政治升迁而言，宗教因素并不是一件不相关的事，尤其是在最初的时候，随着柏林墙的倒塌而来的混乱不堪的时期。当新上任的总理洛塔尔·德梅齐埃出人意料地把她提升为民主德国的第一个（也是唯一一个）“自由”政府的副发言人时，尽管他之前从来不认识她，但他很清楚她来自怎样的家庭。作为1986年至1990年间民主德国福音派教会会议的上峰，他曾与卡斯纳牧师有非常多的联系。从某种意义上来说，安格拉的“信誉和可靠”正是通过民主德国新教徒世界建立起来的关系网来认证的。就像德梅齐埃自己说的那样：“我知道她是从哪个盒子里出来的。”

总理内心深处的信仰，那些在内心深处涌动的信仰，仍旧是一个谜。“德国政治的天堂在于事实上大众对默克尔所知不多，但是这一点也不妨碍他们”，雅各布·奥格斯坦写道。或者，更可信的，就像当时的联邦德国的总统约阿希姆·高克所说的那样：“我尊重她，但是我无法聚焦于她。”就像是说，我们所有人都知道，真正认识了解她是不可能的。

她的一些个性要么从这儿的一些言语，要么从那儿的一种思想，一点一点地显露出来，“这个女人知道保持沉默”，意思是不论在左派还是右派的眼中，她最受称赞的能力之一，就是知道有策略地保持沉默，直到对手独自倒下。她是一个非常令人愉快的健谈者，是一个“喜欢笑”的人，并且也知道如何讽刺，如果说不是很幽默的话。比如在一次独家访谈中，那个惊呆了的《金融时报》记者昆廷·皮尔就这样证实说。那些获准跟随默克尔国际使团的德国记者们也证实了这一点：“她在那儿就像是在参加学校组织的旅行”，德国《图片报》当时的副社长尼古劳斯·布洛梅（后来他跳槽去了《明镜》）在题为《迟疑不决的艺术家》一书中披露道，“只是不清楚安格拉·默克尔是老师的角色还是班级代表的角色”。她是一个可以笑得很开心的人。她喜欢讲笑话，或者从喜剧的方面讲述一些奇闻轶事，经常在讲完故事之前她就快笑掉了大牙，“就像一个小姑娘”。比如那个德国卖给希腊的但是没有付钱的潜水艇的故事，因为希腊人认为那艘潜水艇是“畸形的”。这位女总理觉得“畸形的”潜水艇这件事非常可笑，也许不是因为她的交谈者们的缘故，而是安格拉几乎天真无邪的笑是如此有感染力，以致所有人都在那儿捧腹不已。

她的另一个性格特征是非常有好奇心。她总是问问题，问任何事情并且是一种打破砂锅问到底的态度，除非国内或出国访问的时间安排不允许她问这么多。

细节，对科学的好奇，特定的技术，对历史的深入研究，政治内幕，艺术史的基本知识，地域特点，即使在旅游，包括出差，没有什么能逃过她的好奇心。她的同事们都非常清楚这一点，当她在访问时，他们从未忘记在行程中安排一些有趣的参观，比如大型水族馆，值得纪念的回忆录，刚开设的博物馆或者未来主义派的画工坊。似乎看见了她，用两个手的拇指和食指相扣，做出那个独特的姿势（“三角形”，某个阴谋家在一些古怪的网站上这样描述那个姿势，还大胆地猜想了与共济会甚至与外星人团体相关的晦涩的联系，外星人只等她把那个三角的尖指向高空的那天，就把她召回到宇宙空间中），或者激动地发着短信，她的那些“圈内人”证实，短信是她最主要的沟通方式。说实话，沃尔夫冈·朔伊布勒曾经被她的这个习惯激怒过。据说他大声地问是否有可能“通过发短信的方式来统治一个有八千万人的民族”。

在某些方面，一杯葡萄酒，最好是白葡萄酒而不是红酒，为她丈夫烹饪的牛肉卷，笑话和对足球的热爱，都证明她是一个绝对“正常”的女人，或许这位女总理也因为这一点才如此擅长与德国中层选民保持一致。“对于革命，德国人甚至更愿意在它发生后才被通知”，她说。

她是如此的正常，以至她刚当选为联邦政府首脑的时候，这位女总理打电话到总机（她当时还没有记住自己办公室的专线号码），不得不花好一会儿时间向那个惊得呆若木鸡的女接线员解释她真的就是安格拉·默克尔……“是的，就是那个安格拉·默克尔……是的，那个头儿，昨天还是另一个人。”这是她非常喜欢讲的一个小故事，对于那些跟她一起乘坐联邦政府飞机的使节们总是会有很好的效果。

但是，与这表面上的正常相伴的，是决定了总理府的选择、生活的沉默和最高命令。有人说如果情况不坏的话，跟“妈咪”在一起应该不会度过非常糟糕的时刻。那些得以近距离地跟随过她的记者们披露说，她在跟不符合她期望的人在一起时，同事也好，交谈者也罢，都可能会冷冰冰或者非常生硬。

布洛梅披露说，她会出人意料地惊叫着说“狗屁！”这种情况比人们所能料想的联邦总理要经常和强烈得多。“你们谁写的这狗屁文章？”那个早上吃早饭的时候她对一些记者这样说，因为一些错误的新闻分别刊登在了各报头版。在一个以“欧洲危机”为主要议题的会议中，她在三十分钟内至少说了三次不文雅的话，“就像那些用拳头砸桌子的人一样”。最后，奥巴马——默克尔对小布什更有好感，与他则从来没有能够建立一种真正平静安宁的关系——似乎已经惟妙惟肖地学会用德语说“狗屁”，就在他和默克尔一起观看欧冠拜仁慕尼黑对阵切尔西的那场比赛时。那场比赛正是

默克尔

他们和其他国家政府首脑一起忙于2012年G8峰会的时候。照片上，与欣喜的戴维·卡梅伦一起，奥巴马张着嘴，而默克尔绷着脸。

默克尔是有一些朋友的，但是人们几乎完全不知道他们是谁。一起喝一杯的朋友，一起去剧院的朋友还是政党的同事们？人们都知道安格拉只跟少数经过选择的人和同事之间互称“你”而不是用尊称“您”，包括部长吉多·韦斯特韦勒，基社盟名誉主席埃德蒙·施托伊贝尔，前巴伐利亚州州长霍斯特·泽霍费尔，国家前总统克里斯蒂安·武尔夫，总之是政界中的重要人物。与其他人，她总是固执地称呼“您”，这未必就表明了一种共谋形式的缺失。她的理论是，相近也许是必要的或者不可避免的，但是它并没有什么价值。在柏林的很多人都这样说，安格拉·默克尔很难让自己信任他人。然而，这位总理与自由党人韦斯特韦勒（他在

2016年因罹患白血病而死）之间有一种默契，这位总理尤其欣赏他能在应该沉默的时候沉默并且能够遵守诺言。没有人，就连党内与她关系最紧密和忠诚的朋友们也没有去过她在佩加蒙对面的住宅，也没有去过她在乌克马克的家。没有一张展现公寓室内布置（她和丈夫选了什么样的家具，他们的书柜里都有哪些书）的照片公之于众。默克尔喜欢模仿一些政治世界中的高级人物，德国的或者外国的人物，这一点是众所周知的。她会把萨科齐的轻佻诗句哼成小曲儿，她会精确地重复普京晦涩沉重的讲话，她还以再现西尔维奥·贝卢斯科尼的“老先生讨厌的魅力”为乐，就是模仿他“浮夸的”不规范的英语。但是没有人知道她有没有说过唐纳德·特朗普的话。

有一次，默克尔和沃尔夫冈·朔伊布勒一起去电影院，他在基民盟曾是她的上司，在争夺政党权力中又是她的战败的对手，在默克尔的条件下“被补偿”然后提升至财政部部长的职位，在整个欧洲都令人敬畏，最后成为了联邦议院的议长。这个故事是他自己在一档晚间的脱口秀节目上讲述的，因此大受关注。她问他，我们一起去电影院吧？这个提议，按她的方式，是轰动性的。挑选的电影是《几乎是朋友——无法触碰》[1]，一个很特别的法国喜剧片，该片取材自一个真实的故事，由弗朗索瓦·克鲁塞和奥马·希主演，获得了很大的成功。弗朗索瓦扮演了一个不得不坐上轮椅的亿万富翁，奥马则扮演了他的塞内加尔的护工，他们两人被一种非常强的关系结合到一起，但又完全超出习惯。不管

1. 电影原名是 *Intouchables*。——译者注

怎样，默克尔问朔伊布勒："我们一起去看这个电影么？或者这是一件蠢事？"最初他思索了一下和一个不是自己妻子的女人去看电影是否合适，尽管这个女人是总理。最终他决定去了，就这样，他们两人——德国女总理和她内阁中最强权的部长——一起去了波茨坦广场的那家电影院，显然随行的还有护卫，但是他们尽量不让人注意到。没有爆米花，爆米花不适合他们的行为举止。没有人认出他们来，只有在出来的时候有人认出了朔伊布勒，并且为他"伟大的干得漂亮的工作"向他表示祝贺，而她毫无声息地悄悄溜了出去，这是官方的说法。之后安格拉和沃尔夫冈——直到今天他们也严格地互相使用尊称，正像这位总理和她极其信任的女同事贝亚特·鲍曼之间一样——一起去喝了一杯，然后在电视上看了一场足球赛。一个坐在轮椅上的男人和一个有些超乎常规的"看护人"，但他们"几乎又是最好的朋友"，那个电影的德语标题是什么？"几乎"。一个满含了无限影射的"几乎"，这些影射足以与托马斯·曼的一本小说相称。

在那些与这个"欧洲最强权的女人"的心最近的人中，还有她的母亲——荷玲·卡斯纳，1928 年出生于延奇（Jentzsch），2019 年逝世，享年九十岁。她是一个非常敏感的女人，活泼，聪慧，曾学习古典文献学并且想当一名英语和拉丁语老师，如果她的牧师丈夫没有在她刚 26 岁时就把她硬拉来民主德国的话，安格拉说她母亲是"由于爱"而追随了她父亲。她在柏林墙修筑以后哭了很多次，不能从事自己的职业应该会让她心情沉重，也许在一个让人生畏的丈夫身边生活也让她觉得困难，心口被压得够呛。在安格拉的青少年时期，母亲也是她最信任的人之一。安格

默克尔

拉“每天都要向她汇报一个小时以上”，告诉她学校里发生的所有事情。在面对父亲的粗鲁、权威而又有些神秘的不通融的时候，母亲是她最亲密的庇护所，这位基民盟主席在2004年的党代会上这样透露到。母亲总是鞭策着孩子们在学习中竭尽全力，这几乎是在民主德国那样困难的国家里的一种保险方式。她还是家里唯一一个可以去美国旅游的人，而当时在民主德国这种性质的旅游通常是不可能的。

默克尔自从成为公众人物以后，几乎从来没有谈到过父亲，但是她经常会提到母亲荷玲，包括在采访和发言中。她的母亲是引人注目的那类人。“转折事件”发生后，她也立刻决定参加政治活动。只是，她选择了社民党，而不是基民盟，部分原因是她看到了一件事，就是一个地方的基民盟领袖在柏林墙倒塌之前的几个月还美美地站在滕普林市政广场中央的讲台上，发表了一个反对西方帝国主义的“吵吵嚷嚷的”演说。“当时真的有这种人……

在民主德国成立 40 周年之际还摆着架子说教着资本主义有多么邪恶，然后他们就在那儿了，还想着要站在前排。”[1] 朋友们这么说。但这并没有让默克尔感到很不安。

荷玲作为她生活的城市的市议会顾问，以及之后成为市议会的主席，她好几次都要维护与默克尔相反的立场（这让很多记者都很兴奋），还在市政方面努力与自己的丈夫对阵，比如关于维持一个当地的为年轻人集会而建的协会问题上，他与她观点相左，他希望该协会应该完全依靠来自公众的资金帮助。“一个多年都没能活跃的人，很明显他之后会渴望从事一些事情。”荷玲在 2000 年这样说，暗示着这件事未必会在家庭层面引起反应。当那些社民党的朋友们互相称“同志”，或者以一起唱工人或者政党的歌为乐的时候，总会让她有些刺激，这所有的听起来都太“民主德国”了。不管怎样，党内的同事们和对手们都表现出对荷玲的尊敬。她的政治活动一直延续到 1998 年，即使在年事已高的时候，她还学会了如何使用电脑，在 80 岁的时候仍然在滕普林的高中教英语。

如果说论及默克尔的私人领域，“母亲”是安格拉·默克尔星系中的一个关键词，那么另一个关键词毫无疑问是“伊斯基亚”[2]。在 2013 年那个凛冽而多雨的春天，当时这位总理又一次来到这个小岛上度几天假，就像其他很多德国或瑞士的游客一样（很多游

---

1. 指有一些人在柏林墙倒塌前后的立场改变非常快，之前一直反对资本主义、帝国主义，柏林墙倒塌以后也参加反对民主德国的游行示威等等。——译者注
2. 伊斯基亚是意大利的一个岛屿，以葡萄酒著称，景色秀丽，多温泉，旅游业发达。——译者注

客都是退了休的人）。默克尔和索尔与所有那些普通的在度假中的同胞们一样，当地的专栏报道者充满尊重地写道，“没有私人汽艇，没有财政警察的巡逻艇”，“也没有乘坐水翼艇，她混在其他游客之中。这一次默克尔选择了从波佐利[1]登船，乘坐一艘固定路线的船只来到了伊斯基亚。”还有，“在下午 4 点 05 分，安格拉和她的丈夫约阿希姆·索尔终于在卡萨米乔拉泰尔梅港口下船，从那里乘坐一辆车向圣天使镇继续行进。在这个海边风情小镇的入口，德国第一夫妇徒步行走，而他们的行李则由一辆电动车送去了旅馆。规矩就是规矩，即使是对这位显赫的客人也不例外，她在行人安全岛的道路上闲逛着进入了小镇。来自于小镇居民和游客们表示欢迎的问候热情而适度。”忘了有多长时间，德国游客们在圣天使镇就觉得像在自己家里一样。“这里所有人，真的是所有人，都会说德语，这就足够表现出热情好客，永远标示了在岬角和大海之间的这块小小飞地的特征。”《晨报》的记者骄傲地重申。他还勤快地补充了一点：“实际上默克尔选择了长时间地向上走，直到她登上了观景台和圣米歇尔大教堂。这肯定是令人疲惫的散步，但所有来自阿尔卑斯山北边的游客们都觉得有趣并且跃跃欲试。”“安格拉夫人穿着红色衬衫、深色裤子和平底鞋，她的丈夫约阿希姆则穿着米色的外套，斜背着一个黑色的包。”

总之，这是简单朴素的大获全胜，不仅完全逃离了很多责任，还逃离了所有权力的象征。更多的是宁静的散步游玩，穿着登山鞋沿着直通爱波梅奥山的小径攀登，或是跳入温泉中。她穿着蓝色的泳装，一群狗仔队闻讯而来，紧跟在安格拉周围，让她非常

---

1. 波佐利是意大利南部港口城市。——译者注

气愤。

2013年那次度假的真正高潮是与被解雇的酒店经理之间的一幕，这都可以上《你有一封邮件》或者《多么大的惊喜》[1]这类电视节目了。故事是这样的。默克尔和索尔来到米拉马雷酒店，但是在那些已经熟悉的面孔中没有找到那位酒店经理，默克尔在伊斯基亚的多年度假中和他建立起友谊。默克尔向酒店的工作人员询问，然后发现克里斯托弗·伊阿克诺不在米拉马雷酒店工作了，连他的妻子也被解雇了，因为经济危机也啃噬着这个德国游客的天堂。克里斯托弗因为与酒店管理层有意见分歧，因此决定走人了。

默克尔没让人说第二遍。第二天她就让人带着她去了那位酒店经理的住宅，在1点整，“在没有告知的情况下”，敲了敲他家的门。他的女儿开了门，吃了一惊，然后叫来了父亲。这是感人的一幕，连意大利《晚邮报》也充满激情地讲述：他们两人互相拥抱，然后在老朋友的家中聊了一个小时，显然，是用德语。他们谈了打渔，谈了经济危机，谈了恶劣气候以及新上任的教皇。“你会看到的，这样的一个男人领导着你们的政府”，她笑着说。很明显，作为一个热情好客的人，那位酒店经理邀请这位可敬的来访者一起用午餐，她也很高兴地接受了，当然还有“不可缺少”的咖啡以及最后由伊阿克诺赠送的意味深长的礼物：受福的棕榈枝[2]。问题是，这棕榈枝是给默克尔的呢，还是给仍然深陷欧元危

1. 这两个电视节目的意大利语名称分别是 C'è posta per te 和 Carramba che sorpresa。——译者注

2. 棕榈枝有宗教的象征意义。《福音书》记载，耶稣基督于棕枝主日骑驴入耶路撒冷，受到民众手持棕榈树枝、欢呼和散那，如迎君王般的礼遇。此后各教派庆祝此节日时，往往以耶稣基督的荣耀为主题，以棕榈枝装饰教堂。——译者注

机的欧洲的？

可以肯定的是，在拜罗伊特音乐节[1]上看到安格拉的次数比在弥撒和在伊斯基亚或者阿尔卑斯山看到她的次数要多得多。拜罗伊特音乐节是默克尔少有的几个会有她丈夫陪伴的地方之一。他们都无条件地热爱歌剧，尤其是瓦格纳的音乐，他就是这个音乐节的保护神。默克尔的工作人员有一项经常性的工作，就是一早找到“拜罗伊特音乐节的票”。这起码是一件令人好奇的事情，因为伟大的（体格也大）瓦格纳离新教文化的自然简朴的本性如此之远。他膨胀着向音乐顶峰大胆冒险，他是本质中带着未来主义的浪漫主义巨匠，他充满了出自七音符的未来的魅力。总之，从某种意义上来说，他是一个将自己的强大身影映射至20世纪的巨人。默克尔说她尤其喜爱《特里斯坦和伊索尔德》这部歌剧，这是整个歌剧史上最戏剧性的爱情悲剧之一。现在，求助于维基百科，我们找到音乐评论家鲁本斯·特德斯奇的一句话，那似乎是对默克尔的一个不凡暗喻，几乎是在描述她的政治杰作。特德斯奇说，《特里斯坦》的音乐语言应该是无限随和的，以描绘——除了那些发生的极有限的事以外——那被影射的一切，因此“主旨”应该是磨去旋律的廉直使之柔和，以达到最大的不确定性。

然后，由海纳·穆特编导的《特里斯坦》上演。默克尔在柏林墙倒塌前就在柏林看过，此剧在拜罗伊特音乐节上也已经表演了很多次了，安格拉和阿希姆觉得它简直就是“天才之作”。也

---

1. 拜罗伊特音乐节是在德国拜罗伊特举办的瓦格纳音乐节。——译者注

许是因为那个主人翁“永远都没有期望获得一种拯救，只有死亡才能给那折磨他的爱带去解放和慰藉”，史蒂芬·科内柳斯用模棱两可的笔触评论道。另外一部大型的瓦格纳作品《尼伯龙根的指环》，令那位铁心总理表现出一种（对她来说）很罕有的热情：

> 那部悲剧从一开始就是无法避免的，这让我满心痛苦。因此，要以正确的方式行事，就需要从一开始的时候就把事情做对。

这是很有启示性的一句话，其中有这位科学家的理智，这理智与那些隐藏在非理性中的不可避免的一切相碰撞。也许这是因为默克尔所认为的非理性的事物其实并不是那么非理性，然后感觉非理性的不可避免，则是那些自认为掌握着理性钥匙的人或者自认为掌握钥匙而不考虑这是一种无法逃避的责任的人的典型戏份。另外，默克尔由于尖锐的分析精神而倾向于调整自己的世界观。“世界观”，命运，悲剧，伟大崇高，强调，众神的没落，这一切听着都非常像瓦格纳，但是——就像是暗示、象征，像是时代的负荷——恰好与表面的默克尔“秩序”，与能干的家庭主妇的情理的胜利，与那些“整理好的账目”的道理截然相反。如果这不是指在各种欧洲的灾难中悲剧的不可避免性（支持这种说法显然是不怀好意的），那这就恰恰是热爱歌剧的安格拉·默克尔所说的最惧怕和反对的事了。

当然，在那个住在总理府并且仍然决定着欧洲命运的“斯芬克斯”[1]的周围有很多没有答案的问题。似乎，真正没有解决的问题存在于如此尖锐的反差中，这种反差在那些不管从政治还是地理角度都能清楚区分的思想的星系之间。它利用场上存在的所有力量关系的潜力，还充分利用“欧洲产物”的复杂性。然而，也许安格拉·默克尔的那一面带有实验的种种特征，她在实验中一步一步地建立起了一种新的霸权模式。该模式一点都不神秘难懂，也并没有特别的宏伟壮观，它几乎可以说是靠着惯性的力量扩展到了最大范围。默克尔一砖一瓦建立起来的似乎是一本教科书，暂时题为《怎样不让人注意地简化权力的运作》。权力通常都以一种轰动的方式扩散，而政治舞台上的主演们也很难放弃他们的自我。或许默克尔也是这样的，她以一种极其谨慎适度的方式这样做了。这个战略中有一些无法否认的优势：可能对抗的潜在力量减弱了，依靠中层选民也更加容易一些，还向煽风点火的媒体泼了冷水。

问题是，就像歌德曾经说的那样：“每一种理论都是灰色的，而生命之树常青。”也就是说，默克尔式的方案——在德国也充满了反对意见——对于欧洲来说过于简单，过于初级了。在欧元危机期间，德国总理表现得就像是一个父亲面对带着低分成绩单回家的孩子，说“你不用功”，但她对这个顽皮孩子的无意识深处的东西却一无所知。她不问过多的实质性问题，也不认为自己对此有什么责任。她的家长作风（民主德国式的无意识也以某种方式重新出现了）就这样在每一步都失败了。不需要费太多功夫就能看出来，失衡在增加而不是减少，经济在胡乱挣扎而不是重整旗

1. 此处的“斯芬克斯”喻指默克尔。——译者注

鼓，各种问题仍然没有解决直到爆发出来。她对各种批评充耳不闻，并执着于其霸权的表面上的必然性。但是，多年以来这种霸权也不是文化方面的（就像美国发生的那样，最好是有多样性，而不仅是渗透性的权力），并且很勉强地承受了来自于欧洲大陆交错在一起的许多危机的压力，最终的结果是滋养了许多民粹主义者。相反，欧洲大陆只能是团结一致，否则就没有未来。或许，默克尔终于在全球新冠肺炎疫情的危机中明白了这一点（就像我们后来看到的那样）。

然而那些一而再再而三的矛盾和谬论，似乎与默克尔之谜的深刻本质偶合，以它的方式象征着，那个女人仍然决定着完全是线性的欧洲命运，她以默克尔的名字登上历史舞台，但实际上她叫卡斯纳，她在柏林墙的废墟上开始了自己通向权力的路，但她曾经更愿意去蒸桑拿而不是看着那堵墙倒塌。那可是时代的标志啊，就像人们常说的那样。

第十章

CHAPTER 10

我们能做到

“Wir schaffen das”（我们能做到）

——总理清晰地吐出这几个词。

这就是说：德国能够承受并处理好这一波移民潮。

三个词就可以改变历史轨迹吗？或者说，三个词就可以改变一个领导阶层的命运、理解和特征吗？自 2015 年 8 月 31 日以来，很多人都有这样的疑问。全世界的眼睛都关注着这位总理，德国与欧洲也处在全球移民潮的中心：据统计，数月间有一百一十万难民到达德意志联邦共和国。默克尔带着她众所周知的责任感，赶到联邦新闻发布厅（Bundespressekonferenz），接受记者们的提问。联邦新闻发布厅是一个“制度”场所，在这里新闻界接受政治权力，而作为交换，政治权力必须对自己的行为作出公开回应，并且要尽力回答记者提出的一切问题。就是在这里，出现了改变默克尔自身形象的三个词。这三个词甚至改变了默克尔在世界眼中的形象。

“Wir schaffen das”（我们能做到）——总理清晰地吐出这几个词。这就是说，德国能够承受并处理好这一波移民潮。这是一个史无前例的现象，每天都有成千上万的难民到达爱琴海，途径希腊、马其顿、塞尔维亚，所谓的巴尔干航线，经过匈牙利、奥地利，然后驶向德国。这样的人流量成百上千，似乎不会中断，而且似乎越来越多。外国人，陌生的人群，主要是叙利亚人、阿富汗人和伊拉克人。男人，女人，儿童。“我们能做到”，这个来自民主德国的女孩儿说。

这意味着德国不会关闭口岸；意味着德国接受；意味着德国不会拉起铁丝网，也不会立起城墙。德国在“行动”。德国向欧洲和整个世界展示了自己的团结力量。“Willkommenskultur”突然成了一个有魔力的词，象征着“迎宾文化”，也就是说接纳和欢迎。德国人向到达的移民举起写着“欢迎”的牌子，无可指摘的完美公民在自己家里接待外国人。可以说，“铁腕总理”——在欧元危机期间被抗议者画上希特勒式胡须的这位女总理——突然变成了“开放口岸”的总理。这是一个典范式的改变。这个过程很奇怪，有很多意外，它在当时（也就是特朗普入主白宫以后）将默克尔变成了“自由世界的最后一个领袖”，正如史学家、社论撰写人蒂莫西·嘉顿·阿什在《卫报》上写的那样，而其他人也很快模仿了他的说法。他并不是唯一一个这么认为的人。据说甚至连奥巴马（正如我们所见，曾经她与奥巴马的关系并不是一帆风顺的）都认为，鉴于曾经的商业巨头当选美国总统后带来的全球不稳定情况，有必要向默克尔施压以使其再次参与 2017 年的大选。

这是一个复杂的现象——同时也是矛盾的、带着自身神话的现象。但随后的这些年，这个在柏林墙倒塌那天选择了去蒸桑拿的女人，在大部分人的理解中成为了唯一一个能够与特朗普、独裁者普京、“苏丹”[1]埃尔多安以及各种君主对抗的人。她在俄罗斯吞并克里米亚之后的二十四小时内，行经几千公里试图遏制乌克兰危机；她换汤不换药地重申多边主义的原则，反对金发总统提出的“美国优先”；她组织一体化的峰会，而其他人却建起反移

1.“苏丹”是旧时土耳其君主或某些伊斯兰教国家最高统治者的称号。——译者注

民的围墙，比如在墨西哥边境沿线或者匈牙利的边境线上。“我们应该向德国人学习应该怎样对待难民”，以色列史学家汤姆·塞吉夫在移民危机到达巅峰的时候还这样说教。

显然，问题是并非所有人都这样看待默克尔，尤其是在德国。这个国家的广大阶层在危机四伏的2015年表现出前所未有的善解人意、宽容和世界性，但似乎并没有能力消化和处理好到达自己的家园、自己的祖国、自己的领土上的移民潮。德国这片土地由许多大大小小的社区构成，它们有自己的形象，而新的外国人的突然到来被感性认知为令人不安的、难以处理的事物，比如一种侵略。

将歌德、黑格尔和贝多芬的祖国一分为二的“伤口”正是移民的伤口。电视新闻展示了一些小镇的情况，这些小镇在管理人流的过程中，被当局指定接纳的移民数量远远超过了本地的居民人口。而与此同时，德国总理与一名难民微笑合影的自拍在全世界传了好几圈，于是在德国的户籍登记簿里，被父母们充满热情地取名为“安格拉”的外国小孩数量翻倍。这是一片混沌，所有一切都混杂在一起，有逐年增加的基于排外心理和清晰的极右倾向的犯罪，还有2016年元旦夜发生在科隆的让人难以置信的案件。当天有数百起报案，均是单身女性受到移民的骚扰，就像是一种商定好的攻击。这些难以描述的场面，激起了许多德国人的想象，他们认为自己“已经不再是自己家的主人”了。

这是一个复杂的现象，它的结局是影响了一部分德国人对圣像般的总理的感性认知：或许对于很多德国人而言，新的外来人口除了让他们实实在在感受到了对总理的疏离感之外，便再无其他。而默克尔本人也成为“一个自己国家里的外人”，正如2016年柏林当地日报《每日镜报》总结的那样。

这是一场直击德国肺腑的深度骚乱。很难判断安格拉是否充分意识到这场正在席卷全国的长时间动荡的历史性。或许可以确定的是，这位“踌躇的总理”这一次保持了坚定。移民相关的问题并不是一时的共识游戏。实际上，尽管批评与日俱增——包括在基民盟内部——她仍旧重复着那句预言：“我们能做到，因为德国是一个强大的国家”，她在2016年元旦发表的新年致辞中这样说。“她来自民主德国，她尤其想要成为一个善良的欧洲人。或许没有其他原因，只有这一点引导着她这样做”，斯蒂芬·安德里亚斯·卡斯多夫在《每日镜报》上做了如此猜测。又或许默克尔打出职业生涯的最后一张牌，那就是抛弃“一切照旧”的模式，好让自己名垂千古？

事实上这已经是默克尔第N次的新革命了。这次或许是偶然的，是对于总理在公众面前一次糟糕的表演的感性反应。在2015年（可怕的一年）7月15日，默克尔在罗斯托克会见了一群高中生。其中有一个叫做雷姆的15岁的巴勒斯坦女孩，她激动地解释说自己不知道是否能够留在德国，她说她的梦想是在德国学习，她想要的仅仅是和班里的同学有同样的权利。默克尔的反应十分官僚。她看上去很冷漠，把她认为的现实政治置于一个姑娘的情感之上，带着家长权威和迁就对这个女孩说：

> 我明白，但是政治也是残酷的。你是一个可爱的姑娘，但在巴勒斯坦人的营地里还有成千上万的人……如果现在我们说你们所有人都可以来，他们所有人都可以来，包括非洲，我们是承受不住的。一些人得从德国离开。

然后，当总理在回答下一个问题时，她意识到雷姆哭了，哭得很绝望。这位强势的总理走到女孩身边安慰她，并说："但你这件事做得很棒。"主持人插话说："总理女士，我认为这件事不是做得棒不棒的问题，这是一个困境的问题。"默克尔烦躁地回答说："我知道这是很困难的境况，所以我想安慰她。"然后对女孩说："你很棒，你向很多人展示了人们可能遇到的困难情况。"

太迟了。太笨拙了。太冷漠了。总理或许意识到她刚刚犯下了职业生涯中最糟糕的错误之一。所有一切都发生在摄像头前。默克尔受到了极为严苛的批评。她的众所周知的冷静和实用主义这一次并没有好结果。这展现出总理与普通人的距离，像是在告诉人们她离普通人的具体问题有多远。这次她一成不变的话术让一个小女孩流下了眼泪，而这个小女孩刚刚表达了像所有人那样想要在德国生活的愿望：学习，工作，展望未来。面对雷姆的绝望，总理显得十分力不从心。有人说这一幕与接下来几个星期里默克尔夫人的选择和话语有紧密的联系。或许，这一幕有一部分决定性。或许转变就是在罗斯托克的那次会面中发生的。

事实上，在那之后的几天，默克尔变了，德国的移民政策也变了："我们能做到"（Wir schaffen das）这几个词将深刻地改变这个国家。总理不仅知道这一点，还坚定地不做出丝毫让步。2015 年 9 月 15 日，在与奥地利总理维尔纳·费曼的联合新闻发布会快要结束的时候，一名记者向默克尔提问道，是否是她本人（以"我们能做到"的口号）鼓励众多移民的到来，对此默克尔坚定地回答说：

> 我必须诚实地告诉您，如果现在我们开始要为在紧急情况中展现出了友好的一面而请求原谅，那么这不是我的国家。

默克尔一遍又一遍地重复她的新口头禅，“我们能做到”，或许是为了给自己也给别人勇气，比如在萨克森州的海德瑙，当一些示威者冲着她大喊“人民的叛徒”“娼妇”的时候；当基民盟内部以及基社盟的一些巴伐利亚的阴险的兄弟窃窃私语地说默克尔全都做错了的时候。面对不停地反复说“开放口岸”是一个悲惨错误的那些人，默克尔回答“你这样认为我很遗憾”。她就是这样跟基社盟的领袖霍斯特·泽霍夫说的。泽霍夫激动不已，他认为默克尔选择了“另一个德国的幻象”。

从某种意义上来说，泽霍夫是对的。但是，一方面移民潮造成了基民盟的选票大量流失，因为公民们由于许多外国人的到来而变得“没有安全感”，就像右派的社评员说的那样。而另一方面，从很多角度来看，默克尔的“我们能做到”这个口号最终是赌赢了：从“可怕的2015年”（这一年是一种政治折磨，各位领袖至今还在不停地反复说“这样的情况不应该再发生了”）至2020年，大约有一半入境德国的移民和难民找到了工作。根据德国就业研究所（Iab）的估值，大约有49%，而在20世纪90年代初期，找到工作的难民数占比一直停留在44%。在那些2013年之后就业的人中，68%的人有一份全职或定期工作，17%的人享有带薪培训，3%的人有底薪实习，12%的人有一份兼职工作。

可以说，是“德国体制”承受住了这次冲击。当然，这也有明暗两面。接纳大约一百万人是一个客观事实：这意味着住宿，给外国人提供的语言课程，便于就业的手续，促进融合的举措，文明社会的现实与制度机构之间的紧密联系，资源，以及就业市场的特定部分向来自非欧盟成员国的专业劳动者的开放。另一方面，必须要说明的是，限制庇护权的这一逻辑尤其在一些既得利益者中占了上风，于是所谓“安全国家”的数量扩大了，而去往这些国家更容易被遣返或者被拒绝。

当然，在 2016 年 3 月 18 日，欧盟和土耳其之间签订了协议，这个协议基本就是德国总理的作品：土耳其将获得总共六十亿欧元（但是四年后安卡拉方面声称收到的钱不到一半），这些钱将用于接纳难民，给难民提供教育并促进一体化，而作为交换条件，土耳其要把超过三百六十万的叙利亚难民拦截在本国境内。默克尔为这个协议辩护、出头露脸，谈判到最后一刻，就是为了让它变为现实。尽管土耳其在德国南边隔着两千七百公里，但是仍然很难说德国已经将紧急情况限制在别处，以避免自己家中再生波澜。另外，这样的局势滋养了许多可能爆发的潜在问题。正如我们所见的 2020 年新的叙利亚危机，在大马士革的武装力量袭击了安卡拉部队之后，土耳其总统雷杰普·塔伊普·埃尔多安屡屡威胁要“开放边境”，让绝望的人流再次涌入欧洲，意图重新赢得欧洲大陆作为盟友来反对阿萨德。对此，柏林和罗马一样，最常见的评论是“这是敲诈”。

关键是，四年前与安卡拉签订的协议让通往欧洲大陆几乎变得不可能。并且或多或少地，至少一直到 2020 年 2 月底，这个协议都是起了作用的。但是，就像《明镜》周刊提醒的那样，欧盟没有兑现自己的诺言：2016 年承诺的六十亿欧元，土耳其只收到了一半，同时在八年时间里土耳其自掏腰包耗费了四百亿美元。这对于一个经济状况困难的国家来说实在是一笔大数目。另外，一部分移民未能从土耳其转移到欧洲，于是原本协商好数量的在希腊诸岛上岸的难民也没能入境土耳其。但希腊各岛早已人满为患，这里的处境几乎是非人的：催泪弹被扔向孩童和他们的父母，他们在带刺的铁丝网后面流着眼泪，几乎窒息，这还没提到寒冷、疾病、苦难，也没说到金色黎明[1]的新纳粹分子在莱斯博斯袭击移民和非政府组织。

“很可惜，在这血淋淋的铁丝网上，欧洲正在经历它最大的失败”，2020 年 3 月，驻柏林的通信记者托尼亚·马斯特罗布奥尼在《共和国报》上写道，“五年过去了，每艘船的到来，每一群移民的登陆和抵境，都会重新启动一轮关于应该由谁接管移民的地狱式谈判，这简直令人难以置信。在这一整段时间里，由于一些东欧国家的拒绝（对此没有任何制裁），欧盟没能解决重新安置移民的问题。关于此，我们应每日都向北欧国家提出一个关键问题，这个问题是保罗·真蒂洛尼仍然是外交部长的时候提出来的：“为什么德国、荷兰或者奥地利在公共财政上对意大利如此苛刻，处处挥舞着欧盟的协定，但面对波兰和匈牙利拒绝遵守关于难民的同样是欧盟的协定时，却睁只眼闭只眼？”再将目光扩展到与土耳其的协议，马斯特罗布奥尼补充道：

> 埃尔多安对欧盟的厚颜无耻的敲诈还让我们想起了2015 年后的第三次轰动一时的失败：安格拉·默克尔想与地中海沿岸国家缔结协议以收容移民，这个想法由于一个基本错误而搁浅了。她给了那些政府一个对付欧盟的致命的把柄，而那位苏丹[2]从难民协议达成的第一天就开始利用这个把柄了。

---

1. 金色黎明是希腊政党，极右翼组织，极端民族主义、纳粹主义、种族主义。——译者注
2. 指土耳其总统埃尔多安。——译者注

但是至今没有提出任何制止这些敲诈的严肃策略，这和欧元危机时的情况简直完全相反，当时建立了一个国家救助基金，成立了银行联盟，还有马里奥·德拉吉和欧洲央行为了捍卫单一货币的“不计一切代价”的口号。“然而，难民危机后什么都没有发生”，马斯特罗布奥尼评论说，这是欧洲送给各类主权主义者和金色黎明的新纳粹分子的“一份巨大的礼物”，“这些新纳粹分子在莱斯博斯殴打难民，却没有一个人为之愤慨”。

可以确定的是，德国“开放的口岸”现在都关闭了，“不可重蹈 2015 年的覆辙”成了最高频的口号。柏林不想引发疑虑。面对新一波移民潮的风险，总理的发言人斯蒂芬·塞伯特重申道：“目前在欧盟与土耳其的边境上，不管是陆路还是海路，我们所处的境况都十分令人担忧。我们看到土耳其对难民和移民说，通往欧盟的路开放了。但这当然不是真的。”

这样一个冷冰冰的答复也与德国选民尤其是那些东部的选民在 2017 年 9 月 24 日传递出的讯息有关。那一天，安格拉·默克尔第一次因为“迎宾文化”在竞选中付出了极大的代价。那一天，总理不得不面对一个新的、危险的对手：德国选择党（Alternative fuer Deutschland），一个极右翼政党。排外、愤怒、假新闻滋养了这个政党，难以接受全球化是它的特征，大家都这么说。显然，德国的改变导致了德国选择党的诞生并促进其成长，但这些变化不能只用开放的口岸或者是一个越来越后意识形态的德国来解释。在这个后意识形态的德国中，混合着保守派和绿党、社会民主党和基督教民主党，世界不再是东西之分，而核能变成了敌人，环境需要被拯救。但是，2017 年的大选结果显然与超过百万的移民驻留德国而造成的“创伤”有关。这个“创伤”或许是真实存在的，或许是因感受而产生的，或许是想象出来的，又或许三种情况都有，但这是另一个话题了。

“黑浪”，报纸这样定义选择党。第二次世界大战之后，极右翼势力第一次进入了联邦议院。这是一次地震，是又一个深刻改变了德国政治全景的事件，它注定要卸掉稳定的常规惯例，甚至要破坏联邦议院、各个州以及德国的旧有平衡。这一事件的回响蔓延到整个欧洲：德国选择党的支持率突然上升 8 个百分点，获得了 12.6% 的支持率。这样的结果，这两个数据，在那一刻之前是无法想象的。这意味着九十四位“出身贫寒的”议员突然将联邦议院的中心转移到了右派。这是一个愤怒的右派，每一天都愈发激进，他们的口号中常常回响着希特勒式的语言；这个极右派常常在为大屠杀中的遇难者默哀时选择不起立，与第三帝国[1]的恐怖相比，他们十分厌恶德国从战后至今辛苦建立起来的“记忆文化”。这种意味深长的变化也极大地改变了一个观点，那就是联邦共和国与曾经的民主德国（默克尔来自这里）是统一的。

面对极右派的跃进，2017 年 9 月的选票对于传统党派而言简直就是一记响亮的耳光。基民盟 / 基社盟丢掉 8.6 个点，以刚到 33% 的支持率收场，而对于社会民主党而言也是一场灾难：投票箱中 20.5% 的选票对于这个曾经有过勃朗特和施密特的政党来说是最糟糕的结果。该党的新领袖，马丁·舒尔茨——他曾获得 99% 的社民党人的支持，并且曾一度以为能够取代默克尔的位置——在当晚，面对着几百名赶到柏林社民党总部的积极分子，脸色铁青地宣布了“大联盟”（Grosse Koalition）的结果，而后这

1. 指纳粹德国。——译者注

些积极分子似乎全都恍惚了，呆住了，即便这位领袖反复说着“我们将是对抗选择党的坚固堡垒”，也仍然无济于事。

德国自问这些黑色的阴影是从哪里来的。德国选择党诞生之初只是一个对欧元持怀疑态度的政党，然后日渐激进化，变得极端右翼，极端到每一位该党领导人都无法摆脱这个轨迹：从一开始，也就是 2013 年，汉堡的宏观经济学教授贝恩德·卢克，到 2015 年的弗劳克·佩特里，再到后来的亚历山大·高兰德和爱丽丝·韦德尔，都是越来越右倾。2017 年的成功应该记在他们头上。

还有一个愤怒的典型形象浮现出来，其似乎是想向世界展示一个黑色的、与默克尔夫人所想象的完全相反的德国。这个形象十分清晰：男性，30–44 岁之间的年纪，通常是工人或者失业者，有可能之前的选举他都没有投票。而且这种形象大部分来自曾经的民主德国。是的，极右势力的地图是十分清晰的，在这张地图上可以分辨出一堵新的德国墙，它将曾经的共产主义东部地区和资本主义西部地区分开了。

在选举结束后，许多关于选举流程的分析迅速在德国各党派中传播，这些分析都汇聚到了同一个点：选择党在曾经的民主德国地区支持率为 21.6%，稳坐第二大党，并且甩开社民党好几个百分点，几乎在各地都有一个超过 20% 的成绩。在萨克森、韦德尔和高兰德领导下的选择党甚至是第一大党，以 27% 的可怕成绩超越了基民盟和社民党，而且这个数据与两年后东部地区选举的结果相差也并不大。显然，这堵无形的墙的那边是另一个世界，那里保留着所谓的传统政党的大部分世界，基民盟、社民党和绿党目前仍代表着政治轴心，但是这样的政治代表已经转移到西部，并且从北部转向南部，从汉堡到科隆，一直到摩纳哥。

在各方面分析中，民调机构迪麦颇（Infratest-dimap）的一项研究结果尤其残酷：从全国范围来看，民粹主义的支持者（占了总投票的20%左右）大部分来自工人阶级，来自不富裕的阶层，来自失业者。而在从业者、个体经营者和退休人员中支持选择党的百分比也增长了一倍，这对于社会民主党人士来说，显然是一个令人忧心如焚的信号。此外，2017年，极右派成功地从弃票箱里捞出了147万选票，推动了德国各州的选票流入投票箱（2017年投票率为76.2%，2013年只有72.4%）。选票流向了德国选择党，它夺走了基民盟/基社盟的一百万选票，让社民党流失了五十万选票，还从左党（Linke）那里夺走了四十万。对于传统政党而言，这是一个血淋淋的伤口。再看一组数据：选择党的选民中17%的人有中学学历，14%有高中毕业文凭，只有7%有大学学历，这可算是德国的不良记录。这堵新的墙还让人感觉到了性别的差异：极右派26%的选票来自前民主德国地区的男性，而女性只占17%。最后一点但也是理解这次选举的最关键一点：61%的人选择德国选择党是为了对安格拉·默克尔和其他政党抗议示威。分析师们认为，不可能不明白，以下纲要是决定性的：对移民的害怕和敌意，极端的民族主义，封闭的边境。

2017年9月25日，选举后的那个清晨，醒来的德国动荡不安，与往昔的威胁搏斗着。有人觉得这是安格拉·默克尔的职业生涯穷途末路的开始。她，德国总理，现在沉默了。这一次她不再说"我们能做到"。

第十一章

CHAPTER 11

复活的新生?

总之，在新冠肺炎疫情这件事上

“德国总理有所思也大有作为”，

在柏林的政治殿宇中人们窃窃私语。

安格拉·默克尔在超市购物？这可比电影精彩。在她的小推车里放着一包卫生纸，四瓶酒，还有一些美味小吃。总理身上穿着的蓝色外套，似乎和前几天面向全国民众发表电视讲话的时候穿的是同一件。这是 2020 年 3 月的下半月，新冠肺炎疫情正用尽了它所有的力气猛烈地暴发着。

然而，默克尔向她的同胞们传达了一个清晰的讯息：照常营业（business as usual），但也不那么照常。她一个人站在收银台前，保持着恰当的距离，手里拿着信用卡和借记卡。尽管末日已将瘟疫的风吹向世界，仍然要保持镇定。谁知道这一切是不是一种策略呢，或许将这一幕永恒定格的摄影师并不是偶然出现在这个位于柏林市中心的小超市的呢。总之它起作用了：这张照片会永存。德国总理是我们之中的一员，尽管病毒以一种令人作呕的方式肆虐，扰乱了我们的生活，我们的习惯，还有我们相聚的方式。没有华丽的辞藻，蓝色外套，超市，平静，这就是默克尔，这就是她的力量。辨认度高，无法模仿。同样，一个半月之后，一则视频在社交平台上疯转。在这个视频中，总理手里拿着数据，解释了这个病毒如何运作，感染动态如何发展，以及为什么把所谓的“R因素”（也就是感染指数）控制在低值很重要。在讲解时，她全然一副科学家的冷静而笃定的表情。在柏林墙倒塌以前的久远岁月里，在民主德国，她就是从事科研工作并以此为生的。在另一个病毒相关的视频里，人们看到默克尔捍卫言论自由：这种自由应该知道接受对质，并且认知“仅有的界限”，也就是尊重他人的尊严，且不应该给仇恨和“煽风点火”留任何空间，不可因为他人与自己的想法不同或者他人的肤色与自己的不同就煽动排他行为。这些画面借助各种社交平台，在全世界流传。它们代表了，或者说强化了安格拉·默克尔作为坚强可信的世界领袖的形象。世界陷入了漩涡：我们习惯的旧标准被破坏，被仅仅几年内的陌生的、不可想象的动态发展所粉碎，被民粹主义和新型独裁主义所摧毁，从贾尔·博尔索纳罗领导下的巴西，到维克托·欧尔班的匈牙利，再到唐纳德·特朗普的美国（二战至今美国的角色已经被推翻了）。而默克尔这一领袖的形象正处于世界漩涡的中心。

在这所有混乱中又加了一场瘟疫。因此，这个搅乱了我们的习惯、侵犯了我们的生存的未知病毒似乎也成为政治和思想分层的导火索，成为固有惯例的离心机，引发了出乎预料的事。在这个过程的正中间恰恰就有她，安格拉·默克尔，她把自己包装成了消除恐惧的一剂解药。她很清楚地知道，现在迫切需要的是解药，尤其在这个恐慌不安、活动被限制在能想象到的最小范围，而且基础社交也被否掉的奇怪的时段。

德国总理谈及一种“开放的民主”——画面中，德国国旗在一侧，而背景是议会，在这样的民主中“政治决定应该是透明的”。她一字一顿地说道：“我深信，如果所有公民都能明白自己的任务是什么，那么我们就能够完成这个任务。”她还说：

> 将有多少受害者？我们将失去多少挚爱的人？答案大部分握在我们自己手中。现在我们可以一起果断行动起来。现在我们可以接受目前的限制，肩并肩站在一起。

据社会学家伯恩哈德·波克森所说——他也在《时代周报》在线版写了相关文章——默克尔“表明了她的政治信条：一次对理性的呼唤，一次对成熟公民的集体的号召，而成熟的公民应该不需要出门禁令就能够理解当下真正重要的是什么”。这和白宫的那个男人完全不同；和伦敦的鲍里斯·约翰逊混乱不堪的曲折路线完全不同；也完全不同于世界上其他许多政治领袖的备受钟爱的战时演讲（甚至意大利总理朱塞佩·孔特也忍不住引用了温斯顿·丘吉尔的“至暗时刻”……有心怀恶意的人暗示说，孔特只是看了加里·奥德曼出演的同名电影而已）。

关键是，默克尔是对的。德国的人口构成（感染者的平均年龄比其他地方都更低），德国医疗系统的承载量（重症床位从28000个增加到40000个）以及德国人对规定的大体接受，使德国的新冠肺炎疫情受害人数不论从比例上还是从绝对数值上都远远低于其他国家。举个例子，2020年6月中旬，德国大约有8900例死亡病例，而意大利则有超过34000例。

最重要的是，联邦政府与其领导下的各州之间的协作起了作用：德国的封城措施没有其他地方那么严苛，但是很有效。除了几次周末的抗议之外，绝大部分德国公民都认为自己是一个国家项目的一员，而这个项目将带来人们希望的结果：所有人的健康，责任的分担，以及控制新冠肺炎疫情。

若是这样来看，这位德国总理就像是稳定的化身，然而她曾经却像是一个疏离而严肃的欧洲的化身。现在，新冠肺炎疫情威胁着人们的生存，意大利的贝加莫市里全是棺材，而且因为空间不够，不得不把这些棺木运到别处。于是在意大利，人们突然对默克尔的“云淡风轻”表现出掩饰不住的欣赏。默克尔带着这种“云淡风轻”继续冷静地工作，即便是发现自己的医生新冠病毒检测结果是阳性而不得不自我隔离，她还是那么淡定：她在家通过视频组织领导政府会议（包括“新冠内阁”，这是疫情期间主持应对危机的有限制的单位），和唐纳德·特朗普与习近平通电话，通过连线参加了欧盟峰会，并且坚持不懈地呼吁部长们更积极地与病毒对抗。比如卫生部长延斯·施潘现在就是默克尔的可靠盟友，而他曾经一度是她的对手。

德国人显然喜欢这一切。问卷调查的结果显示，基民盟/基社盟联盟势头强劲，在短短几周内就补回了几年里损失的支持率：2020年3月末回到了33%，5月末达到了40%。这远比2017年大选的成绩要好多了，几乎快要达到2013年的爆发式结果的水平，当时默克尔得到了绝大部分的支持，在柏林甚至出现了一幅巨大的宣传画，是用上千张选民的面部照片做成的马赛克，构成默克尔最经典的倒三角手势[1]，标语写着“德国在能者手中”。

在2020年这个奇怪的春天，德国似乎回归于旧的魅力，似乎重新爱上了它的总理。我们现在看到的成绩和极右的德国选择党

1. 指默克尔经常做出的左右手指相互触碰但不交叉的手势，也被称为“默克尔菱形”“权力的菱形”。——译者注

闯入政治舞台之前的成绩差不多，选择党的出现总是被当作基民盟和基社盟选票流失的前车之鉴（当然——这尤其是保守派的口头禅——那是默克尔夫人的重大失误，她如此没有远见，在前几年对移民开放口岸）。如今这白纸黑字的支持率，让总理有了前所未有的广阔的行动空间：比如根据福尔萨（Forsa）研究所的披露，截至2020年5月底，默克尔获得的选票比绿党、社民党和左翼党加起来还要多。另一方面，德国选择党最终只有可怜的10%，而自由民主党刚刚超过5%，甚至有被排除在联邦议院之外的风险。实际上，在这个"魔力时刻"——当然这是从支持率的角度来说的——总理可以选择和谁一起统治德国：和已然成为德国第二大稳定的政治力量的绿党；或者和社民党，虽然社民党的支持率总是在15%，但无论如何能够在大联盟中站稳脚跟就足够了；甚至根据一些问卷调查来看，也可以和自由民主党合作。

考虑到德国人在疫情期间的生活状况，这样的支持率就更加令人瞩目了，毕竟这些限制是"德国历史上从未有过的"，正如德国总理反复重申的那样。她十分重视表现出对于这个病毒给我们每个人造成的影响的充分理解。直到2020年4月底，街道都是空荡荡的，学校、餐厅、酒吧全都闭门停业，恐惧和担忧变成了德国人的"每日面包"，就和地球上的许多民众一样。默克尔的努力——她的共情，她坚定的手，她与各州州长商谈以及处理经济问题的坚韧不屈——在支持率上获得了回报：德国总理受到空前的爱戴，支持率超过80%。这样的数据，从未见过。

目前的状况也有一些自相矛盾的方面，库尔特·凯斯特在《南德意志报》上清楚地写道：

> 在2月初的时候，如果有人说基民盟/基社盟在民调中的支持率会基本达到40%，也许得到的答复会是，相比之下德国因为一场瘟疫而陷入瘫痪这件事更有可能发生。结果，这两件事都发生了。德国封锁了，并且现在正在经历一场严重的经济危机。从政党角度来看，基民盟和它的巴伐利亚的姐妹党基社盟是新冠肺炎疫情的获胜者。

需要补充的是，如果不是因为疫情引发了这种超现实的中断状态，基民盟这个曾经有过阿登纳和科尔的政党会陷入绝对的混乱，考虑到这一点，这个现象就更加令人瞩目了。2月伊始，图林根州爆发了一场重大的政治灾难，导致了基民盟党魁（同时也是默克尔的继任者）安妮格雷特·克兰普·卡伦鲍尔的辞职宣言，整个地区领导权的非法化，以及即将卸任的州长博多·拉梅洛的仓猝重选。拉梅洛是左翼党之星，当地的基民盟在州议会中与自民党人，尤其与选择党达成了一次毫无远见的协议，意图给他使绊子。图林根州是民主德国的地盘，选择党在这个州突然发展壮大，在新千年中展现出了右翼的激进面孔，或者说是“羽翼”的领袖比约恩·霍克（Björn Höcke）的面孔。“羽翼”是选择党中极端民族主义的一派，常有修正主义的言论，充满了第三帝国的回声。由于他与被认为处在颠覆边缘的极右派人士的关系，霍克甚至被德国联邦宪法维护厅（也就是那个德国的内部秘密机构）监视。

对于基民盟来说，这是一个十分尴尬的丑闻，于是卡伦鲍尔（她也被人称呼为AKK）不得不到处宣称德国基督教民主的价值准则与德国选择党的价值准则从任何形式上都不兼容，也没有任何向其倾斜靠近的可能。然后德国总理也带着权威进行了干预，声称在图林根发生的这一切是“一个不可原谅的进程”，这引发了一场越过州界的政治地震。在两周时间内借助选择党的选票成功当选州长的自民党人托马斯·凯默里希被迫辞职，基民盟也不得不寻找一些迂回曲折的办法，不得不设法支持自己站不住脚的论点，尽可能为不久前还极力反对的事物辩护，这办法就是拉梅洛的重选。这是一个具有象征意义的事件，它把右翼民粹主义进一步挤压在角落里，并且迫使中间派中那些最无动于衷的、迟迟不肯与选择党摊牌的人与之做个了结。此外，这一事件还展示了处在不同灵魂思想中的基民盟内部的混乱：一方面是典型保守派，他们随时准备好开启与选择党的对话，或者说，对于那部分倒向右翼的选民的“害怕”，他们无论如何也想表现得不是那么无动于衷；另一派是倾向于去意识形态化，但他们是坚定的欧洲主义者，愿意与除了德国政治光谱末端以外的所有政治力量合作。

难就难在这里：因为在这个混乱现象里似乎无法找到一个纲要，在默克尔的形象里找不到，因为从某些方面来看，她就是这个现象的成因。默克尔的政党的诸多问题都是因为她的错。每一次她带着自己传统的意识形态围栏过分轻率地行动，都搅乱了阿登纳和科尔的后继者们对自身的想法，导致他们中的许多人不断地倒向右派。瞧瞧移民危机时的情况，可怕的 2015 年被认为是默克尔最虚弱的极点，而如今，正如我们所见，这已成为历史了。在民众的脑海中，2015 年已经被新冠肺炎疫情的折磨清扫干净了：在难以置信的短短数周内，默克尔领导下的由基民盟 / 基社盟和社民党组成的大联盟引导制定了一份欧洲稳定公约，这公约像是刻在大理石上似的，绕过了根植于宪法中的所谓的债务刹车，越过了所谓的“黑零”政策[1]，并且批准了几项经济刺激的紧急计划，总额超过一万亿欧元。但最重要的是，该公约违反了直到几周前还在反复重申的内容，也就是坚决反对欧洲内一切形式的债务分担。首先是默克尔和法国总统马克龙联手推出了一个五千亿欧元的“恢复基金”的计划，然后欧盟委员会——在默克尔夫人的前接班人[2]乌苏尔拉·冯德莱恩的领导下——将该计划扩张成了七千五百亿，用来直接资助那些在疫情中受创尤为严重的国家，意大利和西班牙首当其冲。这是欧盟第一次团结起来面对一场全球危机，放弃马斯特里赫特的旧标准，将财政预算的限制冻结，并且以共担欧洲的名义调配了前所未见的大量资金。

这像是一次革命。在几个月之前，这样的计划是无法想象的，而德国的“节省派”和保守派还有其他欧洲国家（尤其是荷兰）的响亮合唱最终沦为了背景中的嘟哝声。安格拉的论点简洁而有效：因新冠肺炎疫情而限制公共生活确实是对民主的一种“强迫”，疫情是一个必须采取非常措施的非常事件，是一个没有国界的现象，是一场风暴，迫使所有人重新审视自己的立场、预期，以及与这个欧洲的共同规划相关联的方式。德国总理重申，在这个欧洲的共同规划中，不能只有一个“很好”的德国，而德国周边的其他国家“很不好”：从商贸到工业再到政治，各国之间的相互联系和依赖太深。想想之前的欧元危机，想想所谓的紧缩，

1. 德语“Schwarze Null”，也就是以收支平衡为目标的财政方针。——译者注

2. 冯德莱恩曾一度被视为默克尔的接班人，但后来没有接任德国总理职位，现在是欧盟主席。——译者注

想想希腊的“三驾马车”[1]，再想想这些年越来越紧张和愤怒的公众意见疯狂滋养的欧洲怀疑论者、主权主义者、民粹主义者和愤怒且极易操纵的人们，不得不说，现在这个衡量标准的改变是引人注目的。

但这并不是历史的偶然。关键是，到目前为止似乎有“两个”安格拉·默克尔。一个是嘉顿·阿什所定义的“自由世界的最后一个领袖”，这个默克尔已经存在好几年了，正是那个说“我们能做到”的默克尔。她广受爱戴，获得了哈佛学子的雷鸣掌声，被认为是唯一能够对抗唐纳德·特朗普和弗拉基米尔·普京的人，当然这对抗是打着多边主义和“开放的民主”的名义。她坚持政治是一个负责任且成熟先进的社会的表达方式，对抗着影响欧洲大陆和全球平衡的反政治及民粹主义。还有“另一个”默克尔，就是那个欧元危机时的默克尔，她学究式地向其他国家反复说各人的“作业在家里做”，并且以紧缩和节省为名对要做的改革指手画脚。

在新冠肺炎疫情危机的第一阶段，流行标语又开始了：不得分担债务。欧洲债券也好，新冠债券也罢，不得分担债务这一点被反复提及并强调。然而这一次，即便是在德国，批评声也不绝于耳：首先是绿党，然后还有许多社民党人都表达了批评意见，越来越多的知识分子和经济学者也呼吁向诸如意大利和西班牙这些国家（受到新冠肺炎疫情的冲击也不是它们的错）展示“团结”。由于北部国家和德国的严苛，欧洲委员会前主席罗马诺·普

1. “三驾马车”（Troika）是指的希腊三大债权方，救助希腊的“三驾马车”包括欧洲联盟、国际货币基金组织和欧洲央行。——译者注

罗迪甚至质疑“使欧盟紧密团结的原则”。欧洲议会成员、德国经济学家及绿党人士斯文·吉戈德也表达了类似的言论：“德国和荷兰反对新冠债券是一个糟糕的错误。面对一次如此严重的危机，欧盟内需要一个公共的财政和经济政策，这是欧洲的危急存亡之秋。”

“我们不应该向人们承诺我们做不到的事”，德国总理在 2020 年 3 月的欧盟视频峰会上这样说，引得意大利总理朱塞佩·孔特激动地回复道：“默克尔女士，您是戴着旧眼镜看欧洲呢。”意大利各大报刊都描述了这超现实的一幕：在视频会议的屏幕上，只能看到一个卡住的默克尔的画面，像是一种“虚拟化身”，它与人们看到的在超市购物的默克尔的形象截然相反，似乎寓指着相当遥远的距离。并且，在视频峰会前几天，德国总理的忠诚追随者，经济及能源部部长彼得·阿尔特迈尔还说关于新冠债券的讨论是“一个幻影”。总之，安格拉似乎一如既往地再一次做了对她最有利的事，也就是“默克尔式操作”（德语是“Merkeln”），这个新词在德国流行好几年了，甚至收录进德国所有词典之母——朗氏词典中，意思是指当默克尔处于压力之下时，她会倾向于慢慢来，拖延一番。

然而这一次，几乎让人注意不到，德国总理似乎突然改变了步伐，以至于让人怀疑她之前反复坚持的关于“不能保证的承诺”的言论是一种沟通策略。现在，默克尔突然松了口气，延展了活动范围，开始有所行动。她或许是拥有了曾经貌似永远也达不到的“视野”，或者至少是曾经不能完全达到的：尽管默克尔显然没有不在乎德国的利益，但这位德国总理在这出乎意料的风口浪尖——扯着“节俭”的幌子，反对以任何形式分担抗击新冠肺炎疫情危机计划的负担，这种想法第一次显得可以推销给她的选民以及以荷兰为首的欧洲其他地区——明白了欧盟的内聚力才是应该重点保护的资本。欧盟需要内聚力来对抗疫情的破坏性影响，还要对抗世界地缘政治图中的不稳定性，这是2020年以及未来的关键之一，而特朗普领导下的美国不停地批评北约、联合国、世卫组织，质疑世界贸易的平衡，威胁要从德国撤回九千五百名士兵，并且似乎在逐渐破坏二战以后辛苦建立起来的全球平衡体系。

总之，“危机大臣”（Krisenkanzlerin）默克尔似乎回到了全球平衡的中心。这次“回归”的关键原因，我们也说过了，就是欧洲。另外，引领德国阶段性安全度过新冠肺炎疫情，然后与马克龙联手推出以七千五百亿欧元的“恢复基金”为基础的公约，不仅凝聚了欧洲，还有另一个辅助作用，就是压制了欧洲大陆的民粹主义势力，打掉了主权主义者及其同类的一匹战马，也就是反欧洲主义者。而正如新一轮问卷调查显示的那样，在这场全世界的大流行面前，对于移民的害怕似乎也消失了。《金融时报》带着欣赏的口吻写道：

> 疫情可以摧毁或者重振政治家的名望。在安格拉·默克尔这个例子中，显然是第二种。在她担任德国总理的十五年任期中，大部分时候都是以谨慎改革和按部就班实施的政治风格为特征，有人或许会说这种风格让她的大部分任期黯然失色。然而，面对这一次灾难性的经济危机，尽管有一个联邦政府固有的各种阻碍，她还是以令人钦佩的勇敢坚定的方式做出了反应。

还有：

> 尽管经济下滑可能比其他地方都要小，柏林仍然采取了相比于欧洲其他几大经济体更多的措施来减轻德国公司受到的影响。在几年的节俭储蓄之后，现在有了广阔的消费空间。德国的邻居们应该受到鼓舞，开始实施各自的刺激计划。

这就是说，让欧洲能毫发无损地走出这场风暴的推动力不仅建立在德国的坚实稳固的基础上，而且还超越了国界。这个策略有一个名字，那就是安格拉·默克尔的名字。于她而言毫无坏处。这些年来，她像是一只跛脚鸭蹒跚地走向日暮，她不得不放弃对基民盟的领导以阻止选票的流失，她多次保证在 2021 年结束的这个任期将是她的最后一个任期，而到那时她的无人竞争的统治几乎持续了 16 年，和赫尔穆特·科尔的在任时间差不多长了。德国的新闻媒体也意识到这一次德国总理没有进行“默克尔式操作”了。《法兰克福汇报》提出了一个问题：法德的创举是否“与德国政府迄今为止的路线相符”。这家保守的报社也给出了自己的明确答案：“一点也不符合。到目前为止，德联邦政府一直认为欧盟接管的信贷应当在短期内偿还，并且根据欧盟的债务禁令，这些信贷只能作为贷款而非补贴流向成员国。”相反，现在看来，“法德的举措简直就是 180 度的大转弯”。确实如此。

默克尔似乎很有信心，显得前所未有的平静。几个月前，尤其在和其他国家的政府首脑的几次公开会晤中，她突然无法解释的颤抖哆嗦激起了数不清的关于她健康状况的猜测，然而现在，这些事已然恍如隔世一般久远了。面对抨击她的欧洲计划的人——需要注意的是，这些抨击主要来自她自己的阵营——德国总理的回应就是耸耸肩膀。前党团主席弗里德里希·默茨是默克尔在基民盟内部的主要对手，同时也是党魁候选人以及可能的德国总理候选人，他打破了疫情以来的长久沉默，支支吾吾地说法德的计划是在“欧盟条约的边缘”活动。只有基民盟的保守派，也就是所谓的“价值联盟”（Werteunion）试图说和马克龙一起推出的举措“违背了欧盟建立者的初衷”，而议员克里斯蒂安·冯·斯特滕担心“让人无法接受的欧洲债券会走后门重新进来”。然而，该党的其他“大人物”都在为这个计划以及推出这个计划的德国总理唱赞歌：联邦议院基民盟党团主席拉尔夫·布林克豪斯称之为“好且正确的事”；北莱茵-威斯特法伦州的州长阿明·拉谢特——他也是安妮格雷特·克兰普·卡伦鲍尔的继任者的候选人——甚至将这个计划定义为“一个新欧洲的基石”。

于是，第一次，在德国的各大报纸上——比如受众广泛的《图片报》——不久前还无法想象的一幕怯生生地出现了：那就是默克尔的一个新任期。这是情有可原的。在新冠肺炎疫情的大型危机中，德国总理几乎获得了全票支持，成为了已然发生了深刻变化的政治地图上的一个支点。右翼选择党已经失声，并且在民调中不断地滑落，自民党和左翼党为留住现在的位置而费尽心力，绿党表面上不可阻挡的上升势头现在好像也受阻了，盟友社民党无法撼动基民盟的统治。但是，如果没有默克尔，这样的统治似乎就不存在了：基民盟党魁的候选者们好像很快就被人遗忘了，那些想要在 2021 年，也就是四年任期自然结束时替代默克尔的人也很难让人们听到自己的声音，唯一的例外就是巴伐利亚州州长马库斯·索德和上文提到过的拉谢特，但这仅仅是因为他们统治的两个州处在抗击疫情的战壕中。

总之，在新冠肺炎疫情的猛击中，默克尔主题成为德国媒体新的流行题材：这是一系列的赞歌，不管是最“自由主义的”的《时代周报》《明镜》周刊，还是众所周知很保守的《世界报》，都一样唱着赞歌。“在几周之前，安格拉·默克尔像是被抛弃在一条死胡同里”，德克·库布朱维特在《明镜》周刊上写道，这篇文章的标题是“默克尔矩阵”。德国总理“干扰着下一任继任者的竞争，并且用过于长的过渡期阻碍每一次竞争的重启”，然而“政治利益似乎主要指向了她卸任以后的时段。人们谈论未来，且她并不是那个未来”。现在已经是另一番光景了，该周刊写道：“现在的思想被当下主导，而这个当下是联邦共和国历史上最艰难的时刻。生命和死亡下场搏斗，经济下跌，这样的当下把默克尔再次抛回到事件的中心。这是怎样的回归啊！这是怎样的责任！在她之前，没有任何一个德国总理必须承受这样的压力，并且能够犯下如此多的造成戏剧性后果的错误，或者说能够做好如此多的事情。”实际上，“默克尔的政策似乎是别无选择的办法了”。

《时代周报》则认为，关于默克尔，当下媒体的回应不管是国内层面还是国际层面都是“从友好变成了赞美”：所有的赞美——这些褒扬都是关于德国的医疗卫生系统和组织能力的，因为这使德国比其他国家更好地承受住了这次疫情的冲击——都不可避免地反映了默克尔的好名声。该报还提到了默克尔经验的力量，“从她担任总理开始，她经历过的国际危机比马克龙、约翰逊和特朗普经历过的加起来还要多”，从 2008 年金融危机到新冠肺炎疫情，从

2011 年福岛核泄漏到 2015 年的移民危机。《世界报》也是同样的调调："她将成为自 1949 年以来首位不被法庭驱逐的总理。"目前默克尔"享受着科尔效应"，也就是 1989 年柏林墙倒塌后的两德统一。

从 2020 年这个命中注定的春天开始，再没有人谈论她的"烦人的总理告别"了，也"没有任何人有兴趣讨论有可能的继任者"，《明镜》周刊这样说道。这种"默克尔热"的现象越过了德国边境：波兰《共和国报》称"默克尔回归到了自己的德国人的母亲的角色中"，而《纽约时报》称赞她的"清晰而冷静地沟通的能力"。然后又是《时代周报》——以前这家报纸对默克尔还是很批判的——委托一个克罗地亚裔的德国女作者给这位来自民主德国的曾经的科学家写了一篇类似于情书的文章："能够和作为总理的您一起经历这次危机，我十分感激。这不是盲目的信任，而是您实在是实至名归。"

不得不说，德国的灵魂中正在发生一个复杂的进程，而在写下这些文字的时候我们仍然不知道它的结局会是什么。内政部长霍斯特·泽霍夫直到不久前也是激烈反对德国总理的人，然而还是在 2020 年 4 月，正是他说默克尔在 2021 年大选后仍有可能留在总理之位上。德国权威经济日报《商报》说得更明确："默克尔的第五个任期正在到来。"有人提到德国总理重复说了千百遍她不会参加大选，她要去参观这些年里所有给她授予了荣誉学位的大学，对于这些人，《商报》的回复是"如果最后默克尔用了她最喜欢的惯用套话之一：'那么，我重新评估了一下形势'，很多人也不会觉得惊讶吧"。

客观来说，这是安格拉·多罗特娅·默克尔（原生姓氏卡斯纳）的历史上一条奇怪的或许也是唯一的抛物线。她的行事方式有许多种：全国的“妈咪”，擅长“云淡风轻”的佼佼者，还有十分耐心地给你解释所有人如何才能从致命病毒中幸免于难的住在隔壁的科研工作者。除此之外，这位德国总理似乎还明白了在这个混乱的时段自己所处的位置的重要性。仍然是以一种只关心健康这种基本需求的架势，默克尔粗鲁地拒绝了特朗普的 G7 峰会的邀请，这次峰会符合一切手续，将在华盛顿举行。“今天，考虑到疫情的复杂情况”，德国总理“不能同意参加此次峰会”，也就是说“她不会去华盛顿”，默克尔让自己的发言人斯蒂芬·塞伯特说道。在外交上，这不多不少就等于是一记耳光。

白宫的那位在新冠肺炎疫情最严重的阶段过去之后，便计划在美国的首都举行全球七个工业化程度最高的国家的首脑峰会，以此作为“正常化的标志”。一开始的想法是定在 6 月 10 日至 12 日在戴维营会晤，是真的会晤，不是视频会议，但是随着疫情的发展这个计划被搁置了，换成了“远程”峰会。然而在 5 月底，特朗普又突然重新提出“现场”峰会，作为美国和其他几国重启的标志。结果默克尔轰轰烈烈地宣布放弃参会。

德国总理的选择并没有在华盛顿悄无声息地过去。“默克尔不愿意参加峰会，特朗普气极了”，门户网站政坛网（Politico）报道，还提到了“一名美国高级官员”，他在匿名的条件下透露，特朗普和默克尔在后者宣布放弃去华盛顿之前的一次电话会议中，或许“在北约、俄德之间的北部溪流 2 号天然气管道以及对华关系等相关问题上起了冲突”。实际上，默克尔对特朗普的反对不仅表现在政治上，它还是立体的、有形的，从 2017 年他们的第一次会晤就显而易见了。当时全世界的报纸，从美国总统没有和德国总理握手而德国总理神情不悦开始写起，铺天盖地地报道了这些情况。

总之，在新冠肺炎疫情这件事上，“德国总理有所思也大有作为”，在柏林的政治殿宇中人们窃窃私语。这让许多人无言，比如联邦议院中的那些反对者，“他们甚至都想不出足够数量的针对她的批判问题来填满哪怕一个小时的‘质询时间’”，默克尔的歌颂者之一，《世界报》的罗宾·亚历山大记述道，他认为默克尔正处在“其权力的巅峰”。在这样的境况下，默克尔很难离任。有一个问题潜藏在整个德国，不仅仅是在政坛里，或许也潜藏在那些理论上离基民盟的世界很遥远的领域中，而基民盟正勉强应对着后继无人的暗淡前途。土耳其裔的德国女作家西贝尔·希克的两条推特很好地概括了这个问题。第一条推文：“我不知道你们怎么觉得，但是我很害怕一个没有默克尔作为政府首脑的德国。”第二条推文：“我不是默克尔的粉丝。我只是害怕后面会发生的事。因为肯定不会更好，只会更坏。”

主要人名译名对照

Annegret Kramp-Karrenbauer	安妮格雷特·克兰普·卡伦鲍尔[德国女性政治人物，也被称为 AKK（名字首字母缩写），前任基民盟党魁，现任德国国防部部长]
Angela Merkel	安格拉·默克尔（德国历史上首位女性联邦总理）
Armin Laschet	阿明·拉谢特（德国政治家，2021 年 1 月当选基民盟主席，曾任德国联邦议院及欧洲议会译员。2017 年 6 月成为第 11 任北莱茵-威斯特法伦州长）
Beate Baumann	贝亚特·鲍曼（默克尔执政时期任德国总理公署办公室主任，默克尔的得力助手，人称“默克尔的影子”）
Bodo Ramelow	博多·拉梅洛（德国政治人物，现为图林根

	州左翼党领袖。2014年起担任图林根州州长，2020年2月意外输掉州长选举而短暂离职，又于同年3月重选而再次就职）
Boris Johnson	鲍里斯·约翰逊（英国国会保守党籍议员，保守党领袖。2019年7月起任英国首相）
Christian Wulff	克里斯蒂安·武尔夫（2010年7月当选为德国总统，2012年2月辞职）
Donald Trump	唐纳德·特朗普（美国第45任总统）
Frank-Walter Steinmeier	弗兰克-瓦尔特·施泰因迈尔（2017年3月起出任德国总统，曾任德国外长）
Friedrich Merz	弗里德里希·默茨（德国政治人物，基民盟成员，曾任联邦议会联盟党党团主席、基民盟副主席）
Giuseppe Conte	朱塞佩·孔特（意大利佛罗伦萨大学法学教授，律师，2018年6月至2021年1月任意大利总理）
Günther Krause	冈特·克劳泽（民主德国国务秘书，两德统一后曾任科尔内阁的交通部部长）
Guido Westerwelle	吉多·韦斯特韦勒（曾任德国副总理兼外长）
Horst Kasner	霍斯特·卡斯纳（安格拉·默克尔的父亲，神职人员，被称为“红色牧师”）
Horst Seehofer	霍斯特·泽霍夫（德国政治家，曾任德国联邦卫生与社会安全部部长、基社盟主席、巴

	伐利亚州州长）
Herlind Kasner	荷玲·卡斯纳（安格拉·默克尔的母亲，家庭主妇，柏林墙倒塌后从政）
Helmut Kohl	赫尔穆特·科尔（德国政治家，1982 年 10 月至 1998 年 10 月任德国总理，默克尔曾任他的内阁部长）
Jair Bolsonaro	贾尔·博尔索纳罗（巴西第 34 任总统）
Jens Spahn	延斯·施潘（曾任德国财政部副部长，2018 年 3 月起任德国卫生部部长）
Joachim Sauer	约阿希姆·索尔（德国著名科学家，默克尔的现任丈夫）
Lothar de Maizière	洛塔尔·德梅齐埃（政治家，民主德国最后一任总理，默克尔曾在其手下担任政府副发言人）
Markus Söder	马库斯·索德（德国政治人物，2018 年 3 月起任巴伐利亚州州长）
Mario Monti	马里奥·蒙蒂（意大利著名经济学家、政治家，现任米兰博科尼大学校长，意大利参议院终身议员，2011 年 11 月至 2013 年 4 月出任意大利总理）
Mario Draghi	马里奥·德拉吉（意大利银行家，经济学家，曾任欧洲央行行长，2021 年 2 月起任意大利总理）
Martin Schulz	马丁·舒尔茨（德国政治家，曾任社民党主席、欧洲议会议长）
Nicolas Sarkozy	尼古拉·萨科齐（法国前总统，2012 年法

	国大选中负于奥朗德，无缘连任）
Paolo Gentiloni	保罗·真蒂洛尼（2016年12月至2018年6月任意大利总理，曾任意大利外交部部长）
Peter Altmaier	彼得·阿尔特迈尔（德国政治家，自2018年3月起担任德意志联邦共和国经济及能源部部长。在此之前担任德国环境部部长和特殊事务部部长，是默克尔最信任的顾问之一）
Rainer Eppelmann	莱纳尔·艾波曼（民主德国著名反对派，柏林墙倒塌后两德统一之前民主德国最后一任国防部部长）
Ralph Brinkhaus	拉尔夫·布林克豪斯（2018年9月起任德国联邦议院基民盟党团主席）
Recep Tayyip Erdogan	雷杰普·塔伊普·埃尔多安（2014年8月起出任土耳其总统）
Romano Prodi	罗马诺·普罗迪（曾两度出任意大利总理，曾任欧盟委员会主席）
Stefen Hebel	斯蒂芬·黑贝尔（传记作者，本书常以其言论作为引证）
Silvio Berlusconi	西尔维奥·贝卢斯科尼（意大利前总理，曾获得“骑士”称号，丑闻不断，被迫辞职）
Thomas de Maizière	托马斯·德梅齐埃（洛塔尔·德梅齐埃的堂弟，政治家，基民盟成员，出任默克尔第二任内阁的内政部长）
Timothy Garton Ash	蒂莫西·嘉顿·阿什（英国史学家、社论撰

写人）

Tom Segev 汤姆·塞吉夫（以色列史学家）

Ursula von der Leyen 乌苏尔拉·冯德莱恩（德国女性政治人物，基民盟成员，曾任德国国防部部长，家庭事务、老年、妇女及青年部部长，劳工及社会事务部部长等职务，2019年7月当选为欧盟委员会主席）

Vladimir Putin 弗拉基米尔·普京（俄罗斯总统）

Werner Faymann 维尔纳·费曼（奥地利政治家，曾为奥地利社会民主党主席，2008—2016年间任奥地利总理）

Wolfgang Schäuble 沃尔夫冈·朔伊布勒（基民盟前主席，曾是默克尔的上司，后任默克尔内阁财政部部长）

此外，作者常引用的其他传记作家有：

Evelyn Roll 伊福林·罗尔

Gerd Langguth 格尔德·朗古特

Gertrud Höhler 格特鲁德·赫勒

Stefen Kornelius 史蒂芬·科内柳斯

Volker Resing 福尔克尔·蕾邢